AF292468

LECTURES CHOISIES

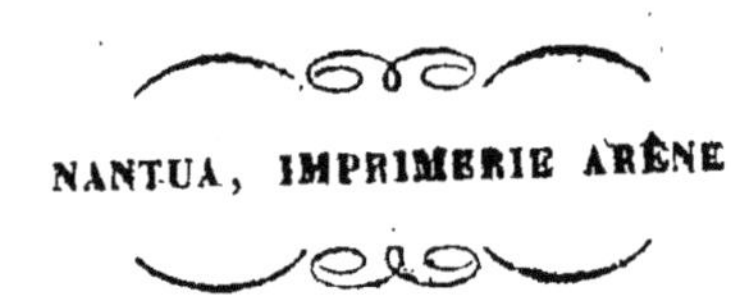

NANTUA, IMPRIMERIE ARÈNE.

LECTURES

CHOISIES

A L'USAGE DES ENFANTS

qui commencent à lire couramment

RECUEILLIES ET MISES EN ORDRE

PAR

A.-M.-A. LACROIX

Inspecteur de l'Instruction primaire

OFFICIER D'ACADÉMIE

TROISIÈME ÉDITION, AUGMENTÉE

NANTUA

AUGUSTE ARÈNE, LIBRAIRE-ÉDITEUR

—

1864

AVERTISSEMENT

Ce recueil est destiné aux enfants qui quittent les tableaux pour passer à la lecture courante. Il est imprimé en caractères gradués et renferme des lectures sur tous les devoirs qu'ils ont à remplir envers Dieu, envers leurs parents, envers les autres hommes et envers eux-mêmes.

En tête nous avons placé l'abrégé de la Doctrine chrétienne. Cette partie servira à exercer les élèves sur le mécanisme de la lecture, et à graver dans leur esprit les principes fondamentaux de la Religion. Messieurs les instituteurs la feront lire sans commentaires; ils laisseront ce soin à Messieurs les Curés, qui ont mission d'enseigner le dogme.

Les Historiettes morales, qui font suite à cette première partie, contiennent d'excellents modèles; elles renferment tout ce que les enfants peuvent sentir, tout ce que leur jeune cœur peut contenir d'amour de Dieu, de tendresse filiale, d'esprit de justice, de charité et d'affection pour la famille et pour le prochain.

La partie qui a trait à l'éducation sociale contient également d'utiles conseils pour la première enfance. Messieurs les instituteurs profiteront de ces lectures pour faire contracter à leurs élèves des habitudes de politesse; ils ne souffriront pas qu'ils manquent de respect à qui que ce soit, ni qu'ils soient impolis, querelleurs et grossiers; ils leur feront un devoir de saluer les personnes respectables par leur âge et leur rang dans la société, notamment les prêtres, les magistrats, et enfin toutes les personnes qui remplissent des fonctions publiques.

Les Poésies qui terminent cet ouvrage ont été choisies dans tous les auteurs qui ont écrit pour l'enfance. « Les élèves les apprendront par cœur, de manière qu'en passant par leur esprit elles sortent de leur bouche comme l'expression de leurs propres sentiments.

ENSEIGNEMENT

DE LA LECTURE COURANTE

Le but que doit se proposer l'Instituteur dans l'enseignement de la lecture, c'est d'apprendre à ses élèves, non seulement à bien lire, mais encore à comprendre tout ce qu'ils lisent; or, il n'atteindra ce but qu'autant qu'il se conformera aux principes suivants :

Le maître tâchera d'abord de faire surmonter à ses élèves toutes les difficultés du mécanisme de la lecture; sans cette condition essentielle ils ne parviendront jamais à lire correctement. A cet effet, il lit à haute voix les mots par syllabes, et les élèves répètent tous ensemble à voix basse les syllabes et les mots tels qu'ils ont été lus. Un quart de page lu de cette matière suffit pour chaque leçon. Le maître reprend ensuite le commencement de la leçon et relit tout ce qui a été syllabé; il fait ensuite continuer la leçon par l'élève le plus intelligent de la division sur le ton de la conversation. On lit le morceau plusieurs fois jusqu'à ce que la plupart des enfants soient à même de le lire d'une manière satisfaisante.

Le maître n'oubliera pas qu'il est de toute nécessité d'avoir une prononciation pure, d'appuyer le temps nécessaire sur chaque syllabe, afin que ses élèves aient un bon exemple à imiter.

Si les élèves sont accoutumés à lire trop vite, soit par suite d'une mauvaise direction imprimée par le maître, soit par d'autres raisons, le premier soin doit être de faire observer les signes de ponctuation ; sans cette précaution il est impossible de saisir le sens d'une lecture. Voici quelques moyens très simples que l'on peut employer dans ce but. A chaque signe de ponctuation on impose aux enfants l'obligation de compter suivant la valeur du signe : par exemple, pour une virgule, *un ;* pour un point-virgule, *un, deux ;* pour un deux-points, *un, deux, trois ;* enfin pour un point ils comptent jusqu'à *quatre ;* si l'alinéa est fini, ou après le titre du morceau, on compte *un, deux, trois, quatre, cinq.* Au commencement cet exercice se fait de vive voix, plus tard on procède mentalement.

Un jour ou deux avant la leçon, le maître impose à tous les élèves l'obligation de lire à la maison le chapitre désigné, en leur recommandant de faire attention à l'orthographe des mots. Persuadés qu'ils seront interrogés sur le contenu de ce chapitre, les enfants seront forcés de faire attention, non seulement à la forme des phrases, mais encore au sens.

« Il s'agit, dit M. le Ministre de l'instruction pu-
» blique dans sa circulaire du 20 août 1857, d'ob-
» tenir d'abord que la lecture soit faite avec aisance
» et naturel, et, en général, sur le ton de la con-
» versation ; ensuite, que les enfants prennent l'ha-
» bitude de se rendre compte de tous les mots et
» de toutes les pensées. Quand un morceau a été
» lu, le maître le relit lui-même avec la prononcia-
» tion, le ton, les inflexions de voix convenables.
» Il adresse des questions sur le sens de telle phrase,
» l'orthographe de tel mot, la portée de telle ex-
» pression. »

Après avoir questionné les enfants sur tout le morceau, le maître fait rassembler les divers éléments fournis par les réponses, et l'un des élèves est chargé de reconstruire toute la pièce dans son style propre.

Si les élèves sont à même de reproduire en termes qui leur soient propres le contenu d'un morceau de lecture, c'est une preuve qu'ils ont compris ce qu'ils ont lu ; il est très important pour le maître d'acquérir cette conviction.

x

Tels sont les moyens d'habituer les enfants à une bonne prononciation, et de leur apprendre à bien penser, à bien parler et à bien agir.

Si les maîtres désirent avoir de plus amples développements sur l'enseignement de la lecture courante, ils pourront consulter avec fruit : 1° *Cours théorique et pratique de pédagogie et de méthodologie*, par M. Ch. Braun, professeur à Nivelles ; 2° *Prononciation de la langue française au XIXe siècle*, par M. Jh de Malvin-Casal, ancien professeur de l'Université.

EXTRAIT DU RÉGLEMENT

LECTURE. — Art. 27

L'instituteur tiendra à ce que la lecture des élèves soit correcte ; il les habituera à se rendre compte de ce qu'ils liront, en leur expliquant le sens des mots.

La lecture du latin est spécialement recommandée ; on se servira, pour cette lecture, du Psautier, ou d'autres livres en usage pour les offices publics du diocèse.

Pour la lecture des manuscrits on emploiera de préférence des cahiers autographiés contenant des quittances, baux, marchés, devis, mémoires d'ouvrages, ou des instructions élémentaires sur l'histoire naturelle, l'agriculture, l'industrie et l'hygiène.

ABRÉGÉ

DE LA

DOCTRINE CHRÉTIENNE

§ 1er

Ce que nous devons croire

I. — 1. Il n'y a qu'un seul Dieu, qui a créé le ciel et la terre, les anges et les hommes, toutes les créatures visibles et invisibles.

2. Il y a trois personnes en Dieu, le Père, le Fils et le Saint-Esprit : c'est ce que nous

appelons le mystère de la Très-Sainte Trinité.

3. Le Père est Dieu, le Fils est Dieu, le Saint-Esprit est Dieu.

4. Ces trois personnes sont distinctes sans être séparées.

5. Elles ont la même nature, la même divinité et les mêmes perfections.

6. Elles sont égales en toutes choses et ne sont qu'un seul et même Dieu.

II. — 7. Dieu nous a créés pour le connaître, l'aimer, le servir, et par ce moyen acquérir la vie éternelle, qui est le Ciel.

8. Le premier homme s'appelait *Adam*, la première femme s'appelait *Eve* : c'est d'eux que tous les hommes tirent leur origine, et c'est pour cela que nous sommes tous frères.

9. Dieu avait placé nos premiers parents dans le Paradis terrestre, c'est-à-dire dans un jardin délicieux, et leur avait permis de manger de tous les fruits qu'il produisait, excepté d'un seul.

10. Adam et Eve désobéirent à Dieu en mangeant du fruit défendu : aussitôt ils furent chassés du Paradis terrestre et devinrent esclaves du Dé-

mon, sujets à l'ignorance, à la concupiscence, à la douleur et à la mort ; ils perdirent le droit qu'ils avaient d'aller au Ciel.

11. Nous avons tous hérité du péché d'Adam et de la punition qui en fut la suite ; et ce péché dont nous sommes coupables en venant au monde s'appelle le péché originel.

12. Adam et toute sa postérité seraient toujours demeurés esclaves du Démon et bannis du Ciel, si Dieu, dans sa miséricorde, ne leur avait promis et donné un sauveur.

III. — 13. Le fils de Dieu, qui est la seconde personne de la Très Sainte Trinité, est venu sur la terre pour être notre sauveur.

14. Il s'est fait homme, c'est-à-dire qu'il a pris un corps et une âme qui le rendaient semblable à nous.

15. Le fils de Dieu, fait homme, s'appelle Notre Seigneur Jésus-Christ.

16. Il y a deux natures en Jésus-Christ, la nature divine et la nature humaine ; c'est-à-dire qu'il est Dieu et homme tout ensemble.

17. Il n'y a qu'une seule personne en Jésus-Christ, qui est la personne divine : ce qui fait que ses prières et ses souffrances ont un mérite infini.

18. Jésus-Christ fut conçu, par l'opération du Saint-Esprit, dans le chaste sein de la Très Sainte Vierge Marie, le jour de l'Annonciation, le 25 mars.

19. Il naquit à Bethléem, dans une étable, le jour de Noël, le 25 décembre.

20. Il fut circoncis et appelé *Jésus*, qui signifie sauveur, huit jours après Noël.

21. Pendant sa vie, N. S. J.-C. fit des miracles, prêcha et pratiqua toutes les vertus.

22. Notre Seigneur Jésus-Christ est mort sur une croix pour l'expiation de nos péchés, le Vendredi-Saint.

23. Le corps de Jésus-Christ, quand il fut détaché de la croix, fut mis dans un tombeau ou sépulcre.

24. Son âme descendit aux Limbes pour en retirer les âmes des justes morts avant lui, et les faire entrer avec lui dans le Ciel.

25. Le jour de Pâques, trois

jours après sa mort, J.-C. ressuscita par sa propre puissance ; c'est-à-dire qu'il sortit vivant du tombeau.

26. Le jour de l'Ascension, quarante jours après Pâques, J.-C. monta au Ciel.

27. Le jour de la Pentecôte, dix jours après l'Ascension, J.-C. envoya le Saint-Esprit aux Apôtres, qui étaient ses premiers disciples.

IV. — 28. Le Saint-Esprit est la troisième personne de la Très Sainte Trinité.

29. Il est partout, parce qu'il est Dieu, mais il de-

meure plus particulièrement dans le Ciel et dans l'âme de ceux qui sont exempts de péché mortel.

30. Avant de recevoir le Saint-Esprit, les Apôtres étaient des hommes timides et ignorants : quand ils eurent reçu le Saint-Esprit, ils devinrent courageux et capables de convertir l'univers.

31. Ce sont les Apôtres qui, dirigés par le Saint-Esprit, ont établi l'Eglise catholique, apostolique et romaine, hors de laquelle il n'y a point de salut.

32. Les puissances de l'Enfer ne prévaudront jamais contre elle, selon les promesses de J.-C.; c'est-à-dire qu'elle durera jusqu'à la fin du monde, malgré les efforts de ses ennemis.

33. Le Saint-Esprit assiste, éclaire et dirige le Pape et les Evêques dans le gouvernement de l'Eglise, et c'est pour cela que l'Eglise ne peut jamais tomber dans l'erreur; c'est pour cela que nous devons croire ce qu'elle nous enseigne, et pratiquer ce qu'elle nous commande.

V. — 34. Au moment de

la mort, nous paraissons tous devant J.-C. pour être examinés et jugés selon nos œuvres.

35. J.-C. donne le Paradis à ceux qui ont été fidèles à observer les commandements de Dieu et de l'Eglise, ou qui se sont convertis sincèrement.

36. Ceux qui meurent en état de péché mortel sont condamnés aux peines de l'Enfer, qui sont horribles et éternelles.

37. Ceux qui meurent exempts de péché mortel, mais qui n'ont pas assez fait pénitence de leurs fautes, vont en Purgatoire.

38. Nous pouvous soulager les âmes du Purgatoire par nos prières, nos aumônes et autres bonnes œuvres, mais surtout par le saint sacrifice de la messe et par les indulgences.

39. La religion, la charité, la justice, la reconnaissance et notre propre intérêt nous font un devoir de ne pas oublier les âmes du Purgatoire.

40. A la fin du monde nous ressusciterons tous, et J.-C. viendra nous juger d'une manière solennelle pour manifester sa puissance, pour glorifier les justes et couvrir de

confusion les pécheurs, mais surtout les impies.

§ 2

Ce que nous devons faire ou éviter

41. Ce que nous devons faire ou éviter pour obtenir le Ciel est contenu principalement dans les commandements de Dieu et de l'Eglise que nous récitons dans nos prières.

I. — 42. Nous devons éviter le péché, mais surtout les péchés capitaux, qui sont l'orgueil, l'avarice, la luxure, l'envie, la gourmandise, la colère et la paresse.

43. Nous devons aussi éviter le sacrilége ou la profanation des choses saintes, le blasphème, les imprécations, le parjure;

44. Le travail des dimanches et des fêtes;

45. La désobéissance à nos parents et autres supérieurs;

46. La vengeance, les querelles, etc.;

47. L'impureté, la lecture et la conservation des mauvais livres, la fréquentation des mauvaises compagnies, l'ivrognerie;

48. Le vol, l'usure, les procès injustes;

49. Le faux témoignage, le mensonge, la médisance, la calomnie ;

50. La rechute dans nos péchés d'habitude ;

51. Le délai de la conversion, qui nous expose au plus grand de tous les malheurs, c'est-à-dire à la mort dans le péché, qui est suivie de la damnation éternelle.

II. — 52. Nous devons aimer et pratiquer toutes les vertus, mais particulièrement les vertus théologales, qui sont la Foi, l'Espérance et la Charité.

53. Nous devons assister à la sainte messe le dimanche et les fêtes ;

54. Nous confesser au moins une fois l'an et communier à Pâques ;

55. Jeûner et faire maigre les jours prescrits ;

56. Aimer le prochain, même nos ennemis ;

57. Faire l'aumône selon nos facultés ;

58. Restituer le bien mal acquis ;

59. Réparer tous les dommages que nous avons faits au prochain dans sa personne,

dans sa réputation, dans ses biens et dans ses droits.

60. Nous devons faire des actes de foi, d'espérance et de charité :

1° Dès que nous avons l'usage de raison ;

2° Quand nous approchons des sacrements ;

3° Quand nous éprouvons quelque tentation violente ;

4° Quand nous sommes en danger de mort ;

5° Un bon chrétien les fait tous les jours à sa prière du matin et du soir.

61. La charité, qui renfer-

me l'amour de Dieu et du prochain, est la première et la plus nécessaire de toutes les vertus.

62. Ceux qui aiment Dieu uniquement à cause de ses infinies perfections, ont la charité parfaite, qui, unie au désir de se confesser, efface tous les péchés.

§ 3

Moyens de salut que la religion nous fournit

63. Les principaux moyens de salut sont la grace, les sacrements et la prière.

I. — 64. La grace est un don

surnaturel que Dieu nous fait gratuitement en vertu des mérites de J.-C., afin que nous puissions pratiquer le bien, fuir le mal et mériter le Ciel.

65. Sans la grace nous ne pouvons rien faire de méritoire pour le Ciel.

66. Avec la grace nous pouvons accomplir tous les commandements de Dieu et de l'Eglise, fuir tous les vices et pratiquer toutes les vertus.

67. On appelle grace actuelle toutes les bonnes pensées, tous les bons désirs, tous les bons mouvements que Dieu

nous donne pour nous exciter à faire le bien et à fuir le mal.

68. La grace n'est pas refusée aux pécheurs, mais elle est accordée plus abondamment aux justes.

69. La grace sanctifiante est celle qui demeure en nous quand nous sommes exempts de péché mortel ;

70. Elle rend notre âme agréable à Dieu et nous enrichit de tous les dons du Saint-Esprit ;

71. Elle nous donne droit à l'héritage éternel ; en sorte que ceux qui meurent en état

de grace sont assurés d'aller au Ciel.

72. C'est le péché mortel qui nous fait perdre la grace sanctifiante.

73. Le péché véniel l'affaiblit et nous conduit peu à peu au péché mortel.

II. — 74. Il y a sept sacrements, que J.-C. a établis pour nous distribuer sa grace et nous sanctifier.

75. Ces sacrements sont le Baptême, la Confirmation, l'Eucharistie, la Pénitence, l'Extrême-Onction, l'Ordre et le Mariage.

76. De ces sacrements il y en a trois qui impriment un caractère, et on ne peut les recevoir qu'une fois, savoir : le Baptême, la Confirmation et l'Ordre.

77. Parmi les sacrements il y en a deux qu'on appelle sacrements des morts, parce qu'ils sont institués pour nous réconcilier avec Dieu et nous donner la grâce sanctifiante, qui est la vie spirituelle de notre âme ; ces deux sacrements sont le Baptême et la Pénitence.

78. Les cinq autres sacrements sont appelés sacrements des vivants, parce qu'ils sont institués pour augmenter en nous la grace sanctifiante, c'est-à-dire que pour les recevoir avec fruit il faut que nous soyons exempts de péché mortel et vivant de la vie de la grace.

79. On commet un sacrilége quand on reçoit les sacrements des vivants en état de péché mortel.

80. Le Baptême efface en nous le péché originel, nous donne la vie de la grace et nous fait enfants de Dieu et de l'Eglise.

81. Le Baptême est le plus

nécessaire de tous les sacrements.

82. Dans le cas de nécessité tout le monde peut baptiser.

83. Pour le bien faire, il faut prendre de l'eau pure et naturelle, et dire en la versant sur la tête de l'enfant : *Je te baptise au nom du Père, du Fils et du Saint-Esprit.*

84. La même personne doit verser l'eau et dire les paroles.

85. La Confirmation nous donne le Saint-Esprit avec l'abondance de ses graces pour nous fortifier dans la foi et nous rendre parfaits chrétiens.

86. L'Eucharistie contient véritablement, réellement et substantiellement le corps, le sang, l'âme et la divinité de N. S. J.-C.

87. Ce sacrement est le plus grand de tous et celui qui nous communique le plus de graces, parce qu'il renferme J.-C., qui est la source de toutes les graces.

88. C'est pendant le saint sacrifice de la messe que J.-C. descend du Ciel sur l'autel, s'y rend présent sous les espèces du pain et du vin, et s'immole pour l'amour de nous.

89. Non seulement J.-C.

s'immole sur l'autel pour l'amour de nous, mais il veut s'unir à nous par la sainte communion.

90. Pour bien communier il faut 1° être à jeun, c'est-à-dire n'avoir ni bu ni mangé depuis minuit; 2° être en état de grace, c'est-à-dire être exempt de tout péché mortel; 3° faire dévotement les actes qui servent de préparation à la communion.

91. Après la communion il faut 1° remercier Jésus-Christ de la faveur qu'il nous a faite; 2° nous donner à lui puisqu'il s'est donné à nous; 3° lui de-

mander les graces dont nous avons besoin, et prier pour les autres.

92. La Pénitence efface tous les péchés commis après le baptême.

93. Pour se bien confesser, après avoir imploré les lumières du Saint-Esprit, il faut 1° examiner sa conscience, 2° avoir une grande douleur d'avoir offensé Dieu, 3° prendre une forte résolution de ne plus l'offenser, 4° confesser tous ses péchés à un prêtre approuvé, 5° satisfaire à Dieu et au prochain.

94. La Contrition, c'est-à-dire la douleur d'avoir offensé Dieu, est absolument nécessaire pour obtenir le pardon de ses péchés : rien ne peut remplacer cette disposition.

95. Quand on est fâché d'avoir offensé Dieu pour l'amour de lui seul, on a la contrition parfaite, qui, unie au désir de se confesser, suffit, comme la charité parfaite, pour effacer tous les péchés. Quelle ressource et quelle consolation pour ceux qui sont en danger de mourir et qui ne peuvent se confesser !

96. L'Extrême-Onction achève de purifier les malades des péchés dont ils sont encore coupables, leur donne des graces pour souffrir patiemment, les fortifie contre la crainte de la mort et les tentations du démon, et leur donne la santé quand elle est utile à leur salut.

97. L'Ordre donne aux prêtres la puissance et la grace dont ils ont besoin pour bien remplir les fonctions ecclésiastiques, dont les principales sont d'offrir le sacrifice de la messe et de réconcilier les pécheurs avec Dieu.

98. Le Mariage donne à ceux qui se marient la grace pour s'aimer mutuellement et chrétiennement, élever leurs enfants dans la crainte et l'amour de Dieu, et remplir les autres obligations de leur état.

III. — 99. Dieu a promis d'écouter nos prières et de les exaucer pour notre plus grand bien.

100. La meilleure de toutes les prières c'est le *Pater*, ou *Notre Père*. Cette prière nous a été donnée par J.-C.

101. Il faut y ajouter l'*Ave Maria*, ou *Je vous salue*, pour obtenir plus facilement ce que nous demandons à Dieu par l'intercession de la Sainte Vierge, qui est toute-puissante auprès de lui.

102. Il est aussi très utile d'invoquer notre Ange gardien, nos saints Patrons et tous les autres Saints, parce qu'ils sont les amis de Dieu et qu'ils s'intéressent à notre salut.

103. Quand nous nous prosternons devant une croix, ce n'est pas la croix que nous adorons, mais J.-C. mort sur la croix pour l'amour de nous.

104. De même nous n'adorons pas les images ni les reliques des Saints, mais nous nous en servons pour nous rappeler leurs vertus et ranimer notre dévotion.

105. Que la paix et la miséricorde de Dieu soient le partage de tous ceux qui croiront et pratiqueront la Doctrine chrétienne. Ainsi soit-il.

CATÉCHISME DE BELLEY.

AVIS IMPORTANTS

Maintenant que vos élèves lisent couramment, vous devez vous appliquer à leur faire comprendre le sens de tous les mots, soit qu'ils le connaissent déjà, soit qu'ils ne le connaissent pas encore. Dans ce dernier cas, il faut absolument le leur expliquer. Car c'est dès la lecture, c'est-à-dire dès les premiers temps de leur instruction, qu'il importe de ne pas leur laisser contracter l'habitude de lire des choses qu'ils ne comprennent pas, et de répéter des mots dont ils ne savent pas le sens. Il faut, au contraire, leur faire prendre celle de demander la signification de tous les mots qu'ils ne connaissent pas. Mais, quoi que l'on puisse espérer de l'habitude qu'on aura fait prendre aux enfants d'interroger toujours sur ce qu'ils ne comprennent pas, on doit bien se garder de s'en rapporter à eux de ce soin. Il faut, au contraire, les questionner eux-mêmes, et les questionner sans cesse sur le sens des mots et des phrases, sur les tournures et les expressions, sur les acceptions diverses. Un mot qui n'est pas compris influe sur l'intelligence de toute la phrase ; il peut empêcher de la comprendre, et, si l'enfant y attache une idée différente de celle que ce mot exprime réellement, fausser le sens de la phrase tout entière.

On ne saurait croire, à cet égard, combien d'idées fausses s'introduisent ainsi dans l'esprit des enfants par suite d'un mot mal entendu. On ne saurait croire non plus combien de choses restent inintelligibles pour eux dans leurs lectures parce qu'il s'y trouve des mots qu'ils ne connaissent pas.

Mais la signification des mots considérés isolément n'est qu'une partie de l'intelligence d'un texte. C'est le sujet tout entier qui doit être compris. Or, pour qu'il le soit complètement, il faut que celui qui lit ait la connaissance de toutes les acceptions différentes des mots, afin de savoir celle qu'ils peuvent avoir dans la circonstance où il les rencontre. Il faut, en outre, qu'il com-

prenne les idiotismes employés, et surtout les
tournures et les expressions que l'habitude de la
langue peut seule faire connaître. Mais cette habitude manque encore à l'enfant de nos écoles;
aussi une foule d'expressions, de tournures et de
locutions, qui nous sont très familières, et que
pour cette raison nous supposons lui être également connues, sont lettre close pour lui. C'est
pour cela que les enfants profitent si peu de ce
qu'ils lisent; ils n'en comprennent quelquefois
pas la moitié.

Règle générale : — Ne craignons pas de trop
questionner les enfants pour voir s'ils comprennent; nous risquerons plutôt de ne pas les interroger assez. Le désir d'exercer nos élèves à la
lecture nous poussera suffisamment à la faire
continuer sans nous arrêter pour les interroger.
Précautionnons-nous donc contre cette tendance,
en fixant d'avance nos idées sur tout ce qui nous
paraît devoir faire l'objet d'interrogations et d'explications. Pour cela, lisons d'avance avec soin
ce qui devra être lu à la leçon, et notons tous
les mots, les passages, les expressions et les
tournures sur lesquels nous jugeons à propos
d'arrêter l'attention des enfants, à commencer par

le titre même du sujet, qu'on oublie le plus souvent de faire connaître, et qui, s'il était bien expliqué, suffirait parfois pour éveiller leur intérêt.

En conséquence, prenons dans le livre de lecture le texte que nous avons choisi pour le sujet de la leçon : lisons avec attention chaque phrase et voyons si nous avons l'intelligence parfaite de ce qu'il exprime, et si nous sommes en état d'expliquer, en donnant le sens des mots et des expressions qui s'y rencontrent. Il peut arriver que la période contienne quelques termes peu usités, quelques mots dont la dérivation nous est peu connue, ou bien quelque idée nouvelle pour nous ou qui exige quelque développement que pour le moment nous ne sommes pas en mesure de donner. Nous nous exerçons alors à résoudre ces difficultés, en consultant nos livres et nos dictionnaires, et nous prenons sur le papier des notes auxquelles nous puissions recourir au besoin.

(Extrait du Journal des Instituteurs).

RÈGLE POUR BIEN LIRE

*Pour bien lire, mes amis, il ne suffit
pas de prononcer correctement les mots,
de les unir les uns aux autres par des
liaisons, ou de les séparer les uns des
autres par des pauses plus ou moins
longues, suivant les règles que je vous
ai données; mais il faut lire posément,
distinctement, se bien entendre soi-même
et se bien faire entendre des autres;
articuler nettement, mais sans dureté;
lire avec goût, avec chaleur, avec intérêt; mettre ou de la simplicité ou de la
naïveté, ou de la douceur ou de la sen-*

sibilité, ou du feu ou de la véhémence, suivant les circonstances ; enfin donner à la raison son langage, à la vérité sa persuasion, à l'éloquence son énergie ; animer le discours, et faire naître en soi et dans les autres les différents sentiments dont l'auteur était lui-même pénétré en écrivant.

DIEU

I

Prêtez-moi votre attention, mes enfants, car j'ai beaucoup de choses à vous apprendre.

Regardez cette maison qui est de l'autre côté de la rue : elle est grande et bien bâtie, elle est ornée de statues. Qui est-ce qui a fait cette maison? Ce sont des ouvriers, des maçons, des charpentiers. Elle a été construite par des hommes, et vous ne croiriez pas celui qui vous dirait qu'elle est venue toute seule, sans que personne y ait travaillé. Vous vous moqueriez de celui qui vous parlerait ainsi, et vous auriez raison.

Et la terre, qui est bien plus grande

que la maison, elle a été aussi faite par un ouvrier ; ces beaux arbres qui sont sur le bord des rivières, ces masses d'eau qui coulent à leur pied, ces montagnes de pierre ou de marbre, ce soleil, ces étoiles, tous ces astres qui nous éclairent pour que nous puissions admirer tant de merveilles, tout cela ne s'est point fait tout seul.

Ces merveilleux ouvrages ne peuvent pas être à eux-mêmes leur propre cause. Quelle est donc la cause qui a produit toutes ces choses ? Est-ce le hasard ? Non, car le hasard ne fait rien : ce n'est qu'un mot vide de sens dont nous nous servons pour cacher notre ignorance. Sont-ce les hommes ? Non, car tous les hommes ensemble ne pourraient faire un moucheron, un grain de sable : comment auraient-ils pu faire l'univers ? La cause de tant de merveilles est un ouvrier plus habile et plus puissant que l'homme : un être éternel, infini, tout-puissant, que la langue de tous les peuples appelle Dieu.

II

Dieu est donc le créateur du ciel et de la terre ; il est l'être par excellence ; il possède toutes sortes de perfections, et nous ne pouvons le comprendre parce que notre intelligence est bornée.

Non seulement il a créé tout ce qui nous entoure, mais encore il le gouverne par sa divine providence ; il prend soin de toutes ses créatures ; c'est par lui que nous conservons l'être, la vie et le mouvement. Il alimente les feux de ce soleil qui nous éclaire, il donne à la nature sa fécondité, et son action constante et universelle conduit toutes choses à des fins dignes de sa sagesse.

Dieu est notre maître. Comme souverain de tout ce qui existe, il a pu imposer des lois aux créatures matérielles et prescrire des devoirs aux créatures intelligentes. Il a droit à notre soumission et à notre amour. Lui-même a bien voulu dicter aux hommes leurs devoirs et les écrire de sa propre main : ils sont justes, mes amis, et leur accomplissement est facile, car Dieu nous aide à les remplir. Heureux ceux qui les observent, la bénédiction céleste leur est assurée ; le témoignage précieux de la conscience devient leur doux partage en ce monde, et des joies éternelles les attendent dans l'autre vie. Mais, au contraire, malheur à ceux qui oublient le Seigneur et méprisent ses commandements ; malheur à ceux qui mettront

leur volonté propre à la place de la volonté divine ! De même qu'il prodigue
aux bons les trésors inépuisables de sa
bonté, ainsi sa justice éclate sévère et
terrible sur les méchants. Aimons Dieu,
mes amis ; servons-le ; soyons toujours
fidèles à ses préceptes ; ce n'est pas seulement son autorité divine qui réclame
notre cœur, mais encore sa bonté paternelle qui s'exerce sur nous avec une
incessante profusion.

LES ANGES

I

Toutes les créatures de Dieu ne se
ressemblent pas, toutes n'ont pas reçu
de sa main libérale les mêmes dons, les
mêmes qualités. Elles diffèrent entre
elles par leur nature, par leurs pro-
priétés, par leur destination ; il existe

entre elles une noblesse de divers de-grés, qui commence aux anges et se termine aux objets que nous avons sous les yeux.

Les anges sont de pures intelligences, invisibles et supérieures à l'homme, des esprits qui ne sont point unis à des corps. Ils peuvent néanmoins nous ap-paraître sous des formes humaines, et quelquefois, en effet, ils ont emprunté des traits humains pour remplir leurs fonctions auprès des hommes ; c'est toujours sous des formes humaines qu'on nous les représente quand on veut nous en donner une idée sensible. Hier, en regardant ce tableau qui orne ma chambre, vous me demandâtes pourquoi cet homme avait des ailes, et je vous répondis : Ce n'est pas un homme, c'est un ange, qui, pour annoncer à Marie qu'elle serait mère de Dieu, prit des formes corporelles et se fit entendre à la sainte Vierge. Chaque fois donc que vous voyez une peinture, une image, une statue représentant un corps humain aux belles formes, au visage gracieux, à la chevelure ondulante et bouclée, aux blanches ailes, c'est un ange dont on a voulu vous donner une idée sensible.

II

Dieu a créé une multitude innombrable d'anges. Il y en a dans les cieux, dit l'Ecriture sainte, des milliers de millions. Ils sont partagés en trois hiérarchies, qui contiennent chacune trois ordres : ces neuf ordres s'appellent les neuf chœurs des anges. La première hiérarchie renferme les Séraphins, les Chérubins, les Trônes ; la seconde, les Dominations, les Vertus, les Puissances ;

la troisième, les Principautés, les Ar-
changes, les Anges.

Leurs fonctions sont : 1° d'adorer et
de louer Dieu. Ils se tiennent sans cesse
devant la majesté divine, et répètent
éternellement le cantique : Saint, saint,
saint est le Tout-Puissant, qui est, qui
a été et qui sera ; 2° d'exécuter les ordres de Dieu à l'égard des hommes. C'est
par le ministère des anges que les grands
événements de l'Ancien et du Nouveau
Testament se sont accomplis ; 3° de veiller à la garde de l'Eglise catholique ; ils
l'environnent pour la défendre contre
ses ennemis. Ils s'intéressent aussi à la
prospérité des empires ; 4° de s'attacher
à chacun de nous par les liens de la
charité, et de nous rendre de bons offices. Au premier moment de notre existence un ange est venu se placer à nos
côtés pour nous protéger et nous con-

duire au ciel : il présente à Dieu nos prières et nos bonnes œuvres, et il prie pour nous.

III

Quel bonheur pour vous, mes amis, qu'une intelligence céleste ne vous quitte jamais; ne l'oubliez pas, ne rendez pas inutile sa vigilance. Plus vous vous livrerez à la pratique de la vertu, plus vous serez religieux, dociles, modestes, laborieux; plus vous serez fidèles à vos devoirs, plus les liens de la charité qui vous unissent à votre bon ange deviendront étroits et resserrés, plus la sollicitude de cet aimable témoin de toutes vos actions prendra d'accroissement, comme aussi les infidélités d'une vie criminelle, ou même défectueuse, ne feraient que rendre son assistance plus pénible et moins active. Quel respect ne devez-vous pas avoir pour la présence d'un ami si dévoué, si attentif à vos besoins ! Quelle reconnaissance ne devez-vous pas conserver pour ses précieux secours ! Quels efforts ne devez-vous pas faire pour imiter son angélique pureté !

IV

J'ai encore quelque chose à vous apprendre sur ces êtres spirituels sortis si magnifiques et si nobles des mains du Très-Haut.

Ils avaient été créés libres, comme nous le sommes, de faire le bien ou le mal : l'orgueil en poussa quelques-uns à la révolte contre Dieu, qui les punit en les transformant en démons. Ils sont devenus des esprits malfaisants qui tentent les hommes et les portent au mal. Quand le désir de mal faire vous vient, ce sont eux qui désirent de vous voir partager leurs malheurs, qui excitent votre volonté et s'efforcent de vous perdre en trompant votre cœur. Vous ne sauriez trop vous méfier de leur langage insidieux, ni résister avec trop de courage à leurs perfides suggestions. Commencez de bonne heure à les combattre, car ce sont des ennemis irréconciliables avec lesquels vous aurez à lutter tout le temps de votre vie.

MON BON ANGE GARDIEN

Quand je naquis sur cette terre,
Dieu m'envoya, du haut des Cieux,
Un doux esprit qui fut mon frère
Dans tous les temps, dans tous les lieux.
A mes côtés, toujours fidèle,
Ce tendre ami m'invite au bien.
Il me chérit, et je l'appelle
    Mon bon ange gardien.

Au ciel il porte ma prière
Dans un mystique encensoir d'or:
Quand le sommeil clôt ma paupière
A mon chevet il veille encor.
Quand je fais mal il part, il pleure.
Il n'est plus là.... je le sens bien!
Ah! je veux faire qu'il demeure,
    Mon bon ange gardien.

O mon bon ange! si mon âme
Reste docile à votre voix,
Lorsque la mort rompra la trame
Des quelques jours que je reçois,
Par des routes mystérieuses
Que foulent seuls les bienheureux,
Ensemble nos âmes heureuses
    Remonteront aux Cieux.

CL. J.

———

L'HOMME

I

Après l'ange, la créature de Dieu la plus privilégiée est l'homme. Il est composé de deux substances, dont l'une est spirituelle et s'appelle âme, et l'autre est matérielle et se nomme corps; il n'est donc pas une pure intelligence, mais bien un milieu entre les anges et les animaux.

L'homme est la plus belle des créatures visibles. Tout annonce, même à l'extérieur, sa supériorité sur tous les êtres vivants. Tandis que les animaux, courbés vers la terre, ne peuvent regarder qu'elle, l'homme se soutient droit, élevé; sa tête présente une face auguste et un front ouvert sur lequel est imprimé le caractère de sa dignité; un feu divin anime les traits de son visage; ses yeux regardent le ciel d'où il vient et pour lequel il est fait; ses oreilles, d'une délicatesse extrême, saisissent jusqu'aux moindres nuances des sons; sa bouche est le siége de l'aimable sourire et l'organe de la parole; ses mains sont des instruments précieux et la source d'une multitude de chefs-d'œuvre; sa poitrine est ouverte et se relève avec grâce; sa taille est riche et dégagée; ses jambes sont d'élégantes colonnes qui répondent parfaitement à l'édifice qu'elles soutiennent; ses pieds, malgré leurs bases étroites, sont d'une merveilleuse solidité; enfin sa démarche est pleine de hardiesse et de fermeté.

II

L'homme a cinq sens, c'est-à-dire cinq facultés par lesquelles il reçoit les impressions des corps extérieurs : la vue, l'ouïe, l'odorat, le goût et le toucher.

Admirez, mes amis, comment la place de chacun de ces sens correspond bien à sa destination. Les yeux occupent la place la plus élevée. De là ils découvrent au loin les objets, et avertissent l'âme à temps de ce qu'elle doit faire. Un lieu éminent convenait aux oreilles afin de recevoir le son qui monte naturellement. Les narines doivent être dans la même situation parce que l'odeur monte aussi, et il les fallait près de la bouche parce qu'elles nous aident beaucoup à juger du boire et du manger. Le goût, qui doit nous faire connaître la qualité de ce que nous prenons, réside dans cette partie de la bouche par où passent les aliments. Pour le tact, il est répandu dans tout le corps afin que nous ne puissions recevoir aucune impression ni être attaqués du froid ou du chaud sans le sentir.

III

J'ai encore à vous parler de la substance spirituelle de l'homme, de son âme. Elle a trois qualités essentielles :

elle est spirituelle, elle est libre, elle est immortelle.

Elle est spirituelle, c'est-à-dire qu'elle n'a ni étendue, ni longueur, ni largeur, ni profondeur, ni figure ; qu'elle ne peut être vue de nos yeux, ni touchée de nos mains, ni saisie par aucun de nos sens. Elle est libre, cela veut dire qu'elle peut faire à son gré ce qui lui plaît, agir ou ne pas agir, vouloir de telle ou telle manière : c'est en cela qu'elle diffère de toutes les créatures qui nous environnent. Elle est immortelle, cela veut dire qu'elle ne mourra jamais, qu'il est impossible qu'elle meure. Le corps meurt quand les parties qui le composent se séparent, quand la tête, les pieds, les bras, le cœur s'en vont chacun de leur côté ; mais notre âme n'a point de parties ; elle n'a ni tête, ni pieds, ni bras, ni cœur ; ses parties ne peuvent donc se séparer ni se désunir : elle ne peut périr.

O mes amis, quel don Dieu a fait à l'homme en lui donnant une âme spirituelle, libre, immortelle : avec un pareil avantage nous pouvons connaître Dieu, sentir sa présence par ses bienfaits, admirer la sagesse de sa providence et l'aimer. Avec un pareil avantage, il nous est possible de mériter de plus en plus les faveurs de Dieu en usant avec sagesse de notre liberté, et de nous rendre dignes des grandes récompenses qu'il réserve à ceux qui l'aiment.

N'oubliez jamais, mes amis, que si l'homme a beaucoup reçu du Créateur il est obligé de lui rapporter tout ce qu'il en a reçu. Dieu a tout fait pour sa gloire, et les créatures matérielles ne peuvent le glorifier d'une manière digne de lui, puisqu'elles n'ont ni esprit pour le connaître, ni cœur pour l'aimer, ni bouche pour le bénir. C'est l'homme qui doit s'acquitter de tous ces devoirs envers le Créateur de toutes choses.

Aimez donc à le glorifier, ce Dieu si bon, si généreux, et ne manquez jamais de le servir par la prière, par la pratique fidèle de ses commandements, par l'éloignement de tout ce qui pourrait lui déplaire.

RELIGION ET MORALE

1. Devoirs de l'homme envers Dieu.

Votre devoir le plus sacré, mes petits amis, est celui d'aimer et d'adorer le Créateur : — « Vous aimerez le Seigneur votre Dieu de tout votre cœur, de toute votre âme, de tout votre esprit et de toutes vos forces; » c'est là le premier et le plus grand commandement. Qu'est-ce que Dieu demande de vous, si ce n'est que vous le craigniez, que vous l'aimiez et que vous l'honoriez? Pour comprendre le respect que nous devons à Dieu, il suffit de jeter les yeux sur les magnifiques tableaux de la création, qui nous révèlent en traits éclatants la puissance infinie de leur auteur ; la reconnaissance nous porte naturellement à l'amour de celui qui a paré la terre de fruits et de fleurs, comme il a mis dans nos âmes les douces affections qui font le bonheur. Les cieux racontent sa gloire, le jour l'annonce au jour, et la nuit le révèle à la nuit. Ce langage sublime se fait entendre à tous les hommes, à tous les peuples ; c'est un cri qui retentit dans toute la terre, et jusqu'aux extrémités du monde. Oh ! qui pourrait voir l'œuvre et ne pas admirer l'ouvrier ! Les herbes de la vallée et les cèdres de la montagne le bénissent, l'insecte bourdonne ses louanges, l'éléphant le salue au lever du jour, l'oiseau le chante dans le feuillage, la foudre fait éclater sa puissance et l'océan déclare son immensité ! Quel est l'homme assez malheureux pour ne pas lui rendre l'hommage qui lui est dû !

---

2. Amour de Dieu.

Si vous voulez véritablement aimer Dieu,

mes enfants, il faut que vous l'aimiez du fond de votre cœur et par dessus toutes choses. Il faut le prier au moins deux fois par jour : le matin à votre réveil et le soir avant de vous coucher (*). Il faut le remercier du bien qu'il vous fait chaque jour, lui obéir en tout et mettre votre confiance en lui, car lui seul peut vous aider dans vos malheurs et vous guérir dans vos maladies.

Quoi de plus raisonnable que d'invoquer l'arbitre suprême de tous les événements, le dispensateur des grâces, l'auteur de tous les dons ! Nous sommes si faibles ! La vie est semée de tant de piéges, de chagrins, de revers ! Dieu est si bon, si miséricordieux ! Il est toujours près de ceux qui l'invoquent. L'enfant qui aime bien le bon Dieu aimera aussi pour cela même ses parents, ses maîtres, ses camarades ; car telle est la volonté de Dieu, et aimer les hommes c'est aimer Dieu lui-même.

---

3. La Prière.

Pour que votre prière soit agréable à Dieu ,

(*) Apprenez les prières du matin et du soir dans votre catéchisme.

mes amis, il faut qu'elle parte du fond de votre âme, c'est-à-dire qu'elle soit fervente et sincère. En priant Dieu, vous oublierez toutes les choses de la terre, et vous songerez que c'est au Roi des rois que vous parlez, que c'est devant le Seigneur des seigneurs que vous vous prosternez. Montrez-vous donc humbles et soumis, et qu'au moment de votre prière un sentiment d'amour, de confiance et de vénération anime votre cœur.

Si vous priez ainsi, mes enfants, la grâce du Seigneur descendra sur vous, et ses bénédictions se répandront sur toute votre vie.

4. L'Oraison dominicale.

Une admirable prière, qui résume tous nos devoirs, rappelle tous nos besoins, console toutes nos misères et comble tous nos vœux, nous a été enseignée par l'auteur même de tout don et de toute grâce; c'est celle-ci, mes jeunes amis, vous la connaissez déjà:

Notre père, qui êtes dans les Cieux, que votre nom soit sanctifié; que votre règne arrive, que votre volonté soit faite sur la terre comme au ciel; donnez-

nous aujourd'hui notre pain de chaque jour ; par-
donnez-nous nos offenses comme nous les pardon-
nons à ceux qui nous ont offensés, et ne nous laissez
pas succomber à la tentation, mais délivrez-nous du
mal. Ainsi soit-il.

Une mère de famille, qui joint aux tendres
affections le talent de la poésie, a tâché de
mettre en vers cette sublime prière. Voici l'imitation qu'elle en a faite ; je suis sûr qu'elle vous
fera plaisir ; et, comme elle est courte, simple
et facile à retenir ; je vous engage à l'apprendre
par cœur :

Notre Père des Cieux, père de tout le monde,
De vos petits enfants c'est vous qui prenez soin ;
Mais à tant de bonté vous voulez qu'on réponde,
Et qu'on demande aussi, dans une foi profonde,
    Les choses dont on a besoin.

Vous m'avez tout donné : la vie et la lumière,
Le blé qui fait le pain, les fleurs qu'on aime à voir,
Et mon père et ma mère, et ma famille entière ;
Moi, je n'ai rien pour vous, mon Dieu, que la prière
    Que je vous dis matin et soir.

Notre Père des Cieux, bénissez ma jeunesse ;
Pour mes parents, pour moi, je vous prie à genoux ;
Afin qu'ils soient heureux donnez-moi la sagesse ;
Et puissent leurs enfants les contenter sans cesse
    Pour être aimés d'eux et de vous !

Mme AMABLE TASTU.

5. L'Enfant qui prie.

La femme d'un pauvre cultivateur était res-tée veuve avec cinq enfants en bas âge, et elle n'avait que son travail pour les faire vivre. Le travail étant venu à manquer, elle eut bientôt épuisé ses petites économies, toutes ses ressour-ces. Un matin elle donna à chacun des deux aînés, qui allaient à l'école, un morceau de pain bien dur, en leur disant : « Mes enfants, priez le bon Dieu et Notre Seigneur Jésus-Christ, protecteur de l'enfance, de venir à notre secours, car voilà tout ce qu'il y a dans notre maison : je n'ai pas de viande, pas de pain, pas seule-ment un œuf, et je ne sais comment nous pour-rons dîner. Allez, mes enfants, le bon Dieu a dit : « Invoquez-moi dans le besoin et je vien-drai à votre secours; » demandez-lui sa sainte assistance.

L'aîné des enfants de la pauvre veuve avait à peine dix ans : il conduisait avec lui son frère cadet, plus jeune que lui de trois années, et il s'en allait bien affligé. Il passa devant la porte de l'église; en voyant qu'elle était ouverte, il songea à la recommandation de sa mère; il entra et alla avec son frère s'agenouiller sur les marches de l'autel, dans la chapelle du Saint-Sacrement. Comme il ne voyait personne, il pria ainsi à haute voix : « O Jésus ! qui aimez tant les petits enfants, venez à notre secours : nous sommes cinq à la maison, et notre bonne mère n'a plus rien à nous donner; elle n'a plus de viande, plus de pain, pas même un œuf. Vous avez promis de nous secourir si nous le demandions; je viens donc vous demander de nous donner à manger, ainsi qu'à notre bonne mère. »

Les deux enfants allèrent ensuite à l'école et revinrent à l'heure du dîner. En entrant ils virent sur la table un grand pain rond, un morceau de viande bien cuite et quelques œufs. « Ah ! maman, s'écria l'aîné des enfants, le bon Dieu nous a entendus ! Est-ce un ange qui est venu du Ciel pour nous apporter tout cela ? — Dieu a entendu ta prière, mon cher fils, répondit la mère, mais il n'a pas besoin d'envoyer un ange du Ciel pour nous secourir : il a des ministres sur la terre, de bons prêtres qui exercent la charité au nom du Seigneur. Pendant que tu priais à la chapelle du Saint-Sacrement,

M. le curé t'écoutait : il a eu pitié de notre triste position, et m'a donné quelque argent pour subvenir à nos premiers besoins. Il m'a promis aussi de me procurer du travail, et j'espère qu'à l'avenir rien ne vous manquera. Remercions Dieu qui vient au secours des malheureux quand ils l'invoquent avec confiance. »

6. La prière d'un vieillard.

Il y a quelques années, je me trouvais à deux lieues de Versailles, dans le joli village de Châteaufort. Tous les dimanches, averti par la cloche de la chapelle, j'allais y entendre la messe. C'était un charmant spectacle que de voir les villageois, dans leur simple parure, s'acheminer, à la même heure et de tous les points du vallon, à travers la prairie. Il arrivait quelquefois que j'avais un compagnon : c'était un vieillard vénérable, dont je ne pouvais me lasser d'admirer la piété ardente et ingénue.... Encouragé par les récits qu'on m'avait faits de cet homme, je l'abordai.

— Savez-vous lire ? lui dis-je.

— Oui, monsieur. Dans ma jeunesse, j'ai

reçu les leçons du curé, un bien brave homme, qui se plaisait à instruire les enfants.

— Et vous avez des livres?

— Oh! à mon âge on ne lit plus, on prie.

— Vous priez donc souvent?

— C'est un si grand bonheur de prier! Le soir, assis à la porte de ma pauvre cabane, que vous voyez là-bas sous les châtaigniers, je regarde coucher le soleil et je dis NOTRE PÈRE.

— Et c'est là toute votre prière?

— Y en a-t-il qui remplisse mieux le cœur! NOTRE PÈRE! Souvent, après avoir prononcé ces mots, je m'arrête; et, en voyant les troupeaux qui reviennent des champs pour nous donner du lait, en voyant le soleil qui se lève et se couche sur la vallée, je bénis sa chaleur qui fait croître l'herbe de nos prairies, et les fruits de nos arbres, et le blé de nos champs. Oh! alors, je sens bien que ma prière est vraie, et j'en ai pour toute la soirée à songer à ces mots : NOTRE PÈRE!...

— Et dans la mauvaise saison que faites-vous?

— Je regarde le ciel. Je vois ces grands nuages qui le traversent et qui viennent je ne sais d'où, poussés par le vent, cheminant sans bruit, et versant comme des arrosoirs la pluie çà et là dans les plaines, qui reverdissent et nous donnent du pain, du beurre, du miel, ni plus ni moins que si Dieu les mettait lui-même dans nos mains.

Aimé Martin.

---

7. Piété de Turenne.

L'un des plus illustres capitaines dont s'honore la France, le grand Turenne, savait, au milieu même des occupations les plus graves, trouver toujours le temps et les moyens de remplir ses devoirs religieux. On le vit plus d'une fois, quelques heures avant de livrer bataille, dans ces moments pleins de trouble et d'inquiétude, où l'esprit, agité de mille pensées diverses, semble devoir être emporté hors de lui-même, on le vit, dis-je, implorer par la prière le secours et la protection du Dieu des armées. Il s'écartait dans les bois, et là, seul, la pluie sur la tête, les genoux dans la boue, il adorait dans cette humble posture le Maître du sort et de la vie des hommes.

8. Efficacité de la prière.

Après avoir prié notre âme est plus sereine ;
Nous sentons de nos maux le fardeau s'alléger ;
Un céleste parfum se mêle à notre peine ;
Nos plaisirs sont plus purs, notre cœur plus léger.

L'oiseau module un chant, le frais ruisseau murmure,
La plante élève au ciel le parfum de sa fleur ;
L'homme serait-il donc le seul dans la nature
Dont la voix ne dût pas monter jusqu'au Seigneur ?

Après un jour brillant la fleur tombe affaissée,
Les humides zéphirs lui rendent sa fraîcheur :
La prière est pour nous la céleste rosée,
Lorsque la vie impure a flétri notre cœur.

PENSÉES ET MAXIMES (*)

1. — Dieu est ici, Dieu m'entend, Dieu me voit.

2. — Que la pensée de Dieu occupe toujours votre esprit.

(*) Ces pensées et ces maximes serviront de texte pour les leçons d'écriture.

3. — La crainte du Seigneur est le commencement de la sagesse.

4. — N'oubliez jamais pourquoi Dieu vous a mis au monde, et vous éviterez le péché.

5. — Le péché est le plus grand de tous les maux.

6. — L'orgueil est le principe et l'origine de tous les péchés.

7. — Adore Dieu, sois juste, chéris ta patrie.

8. — La prière est la respiration de l'âme, et celui qui ne prie pas ne vit plus.

9. — La prière nous met en rapport avec notre Père céleste; elle élève notre âme, nos pensées; elle nous rend meilleurs et nous fait sentir que nous sommes les enfants de Dieu.

10. — Les personnes solidement pieuses le sont avec modestie : elles n'affectent rien et ne s'affichent en rien.

11. — Point de vertu sans religion; point de bonheur sans vertu.

12. — L'homme sans religion ne peut être heureux : il n'y a pour lui ni lumière qui l'éclaire, ni frein qui l'arrête, ni force qui le soutienne, ni espoir qui l'anime.

13. — Le triomphe de la religion est de con-

soler l'homme dans le malheur et de mêler une douceur céleste aux amertumes de la vie.

14. — Le sentiment vraiment religieux est ce qu'il y a de plus doux et de plus fort, de plus simple et de plus sublime ; rien n'est plus propre à embellir les joies, à calmer les douleurs, à fortifier l'âme contre toutes les épreuves dont la vie est semée.

15. — Le malheureux qui prie est déjà soulagé ; le vicieux qui prie est bientôt corrigé.

DEVOIRS ENVERS LA FAMILLE

1. Les Parents.

Après Dieu, ce que vous devez le plus respecter et bénir, mes enfants, c'est votre père et votre mère, car c'est à eux que vous devez non seulement la vie du corps, mais encore la vie de l'âme et du cœur ; ce sont eux qui ont guidé vos premiers pas, eux qui vous ont appris à connaître Dieu, à aimer le bien, à fuir le mal.

Pendant que votre père gagnait votre existence à la sueur de son front, qui veillait près de votre berceau ? qui endormait dans ses bras vos douleurs enfantines ? qui apaisait vos cris ? qui travaillait pour vous couvrir de vêtements bien chauds et vous parer avec amour ? N'était-ce pas votre bonne mère ? Et, aujourd'hui, pourquoi votre père redouble-t-il d'efforts et de travail ? pourquoi votre mère reste-t-elle le soir, plus tard que par le passé, à coudre près de la lampe ? pourquoi économisent-ils tous deux avec tant de soin et de persévérance ?... C'est qu'ils veulent à tout prix vous donner de l'instruction et assurer votre avenir. Oh ! combien vous devez les aimer ! combien vous devez vous rendre dignes de leur amour et de leur tendresse ! Soyez donc dociles, respectueux et prévenants envers eux, et ne faites jamais rien qui puisse leur déplaire.

---

2. La Mère.

Pendant que l'enfant sommeille, j'entends la mère qui chante doucement pour le bercer.

La mère chante ; elle dit : « Mon enfant, je ne crains pas la peine, car c'est pour toi que je travaille ; pour toi je travaillerai le jour, pour toi je travaillerai la nuit. »

La mère chante encore : « Un jour tu seras grand, mon fils, alors tu seras beau et fort; alors ta mère sera vieille, et toi tu soutiendras ta mère. Dors, mon enfant; dors, pauvre petit. »

O le méchant enfant que celui qui ne cherche pas à contenter sa mère! La récompense de la mère, c'est la bonne conduite de son enfant; c'est la tendresse de son enfant qui lui fait oublier toutes ses peines...

Oh! je chercherai toujours à contenter ma mère!

---

3. Le Père.

Je vois le père au milieu de ses enfants.

Il s'occupe de sa famille, il veille sur elle et travaille pour la soutenir.

Il dit : « Que mes enfants soient heureux, et je serai heureux. »

Il les fait instruire pour qu'ils soient un jour éclairés et sages.

Et il les forme à l'apprentissage d'un état pour qu'un jour ils vivent de leur travail et n'aient besoin de personne.

Toutes les pensées du père sont sur ses enfants dans le présent et dans l'avenir.

Il partage tout avec eux : s'il n'a qu'un morceau de pain il le leur donne.

Oh ! j'aimerai, je respecterai mon père.

Je le respecterai tant qu'il sera jeune et fort et qu'il veillera sur moi.

Je le respecterai quand il sera vieux, que ses cheveux blanchiront, et que moi je serai jeune et fort.

Un père et ses enfants, c'est comme l'arbre et ses rameaux.

C'est l'arbre qui donne aux rameaux la sève, la nourriture et la vie.

Celui qui frappe l'arbre fait du mal aux rameaux, et celui qui frappe les rameaux fait du mal à l'arbre.

Voulez-vous savoir ce qu'un père fait pour ses enfants ?

Il y avait un malheureux ; il avait quatre enfants ; mais la misère avait frappé à sa porte, et il n'avait pas de pain à leur donner.

Il n'avait pas de pain à leur donner, mais il leur donna son sang.

Il apprit qu'on payait un salaire à ceux qui,

dans une école voisine, allaient se faire saigner par des étudiants qui s'instruisaient dans la médecine.

Il alla, il tendit ses deux bras, et deux fois son sang coula.

Puis il porta à ses enfants le pain qu'il avait payé de son sang, et il était heureux dans sa misère, car ses enfants étaient soulagés.

Celui qui ne respecte pas son père est infâme.

Celui qui abandonne son père malheureux sera malheureux; il mourra sur le fumier et dans la honte.

Delapalme.

---

4. L'Enfant reconnaissant.

Je suis dans ce monde depuis très peu d'années; j'y suis arrivé nu et sans force. Mes parents avaient pensé à moi longtemps avant ma naissance. Ils avaient tout préparé pour me recevoir. Ma mère avait fait des vêtements moelleux pour me couvrir; un doux berceau était prêt à m'accueillir dans de chaudes couvertures. Pendant plus d'un an ma mère m'a nourri de son lait. Elle accourait jour et nuit à mon moindre cri. Souvent, pendant mes maladies, elle a passé de longues nuits auprès de mon berceau. Elle chantait de sa douce voix pour m'endormir le soir, elle chantait souvent encore dans le jour pour m'amuser. Pendant longtemps j'ai été incapable même de lui sourire pour la remercier de tant de bontés ; je ne savais que crier et pleurer pour lui faire connaître mes besoins. Plus tard seulement mes faibles caresses ont pu lui témoigner ma tendresse.

Elle m'a appris à connaître toutes les choses environnantes. Pendant bien des mois elle m'a porté dans ses bras sans se fatiguer jamais. Mon corps enfin s'est fortifié : j'ai pu me tenir sur mes jambes. Elle m'a enseigné alors à marcher ; elle a dirigé mes premiers pas en veillant sur moi avec une sollicitude inquiète. En même temps elle a mis la parole sur mes lèvres. Elle m'a enseigné à prononcer les premiers mots. J'ai pu la nommer et nommer mon père. Elle m'a appris graduellement à désigner tous les objets. Elle m'a enfin mis en état d'exprimer mes pensées, mes sentiments et mes désirs.

Sans sa patience je ne saurais rien ; sans sa tendresse vigilante je n'aurais pas même vécu un seul instant. Je lui dois tout : la vie, la santé, la parole et la connaissance.

---

5. Suite de l'Enfant reconnaissant.

Je ne dois pas moins à mon père qu'à ma mère. Il a pourvu à tous mes besoins. Avant ma naissance il travaillait déjà sans relâche ; il voulait pourvoir le ménage de toutes les choses utiles et commodes. Il pensait à moi déjà ; il songeait à assurer mon existence. Depuis lors il a travaillé avec plus d'ardeur encore. Chaque jour il est au travail le matin bien avant mon réveil ; dans la journée il travaille pendant mes jeux ; le soir encore il travaille après mon coucher. Tout, à la maison, est le fruit de son rude labeur. Présent ou absent il s'occupe de nous ; tous ses efforts ont notre bien-être pour but. Sa prévoyance écarte de nous les dangers ; son activité nous fournit les commodités de la vie. Toutes ses pensées tendent à éloigner de nous les maux de l'avenir.

Ma reconnaissance ne doit pas non plus oublier Dieu. Je lui dois avant tout mon père et ma mère. Bien avant mon apparition dans ce monde, il avait rempli leur cœur de tendresse pour moi. Sa bonté leur a fourni les moyens de pourvoir à mes besoins. Mon père, ma mère, mes frères et moi nous devons tout à son amour pour les hommes. Il a tout fait pour eux dans ce monde. Par son ordre le soleil vient chaque jour nous éclairer et faire mûrir les moissons. Il ne nous fournit pas seulement le nécessaire, il se plaît aussi à embellir cette terre : il la pare de la plus riante verdure. Il fait naître les fleurs dans les prés comme le blé dans les champs. Aussi mon père et ma mère m'apprennent à bénir chaque jour son saint nom. Que ferai-je pour lui témoigner ma reconnaissance de tant de bienfaits ? Je me conformerai à sa sainte volonté. Comment aussi pourrai-je reconnaître la tendresse de mon père et de ma mère ? A l'avenir je veux leur obéir en tout ; je les aimerai de tout mon cœur et de toute mon âme.

---

6. Piété filiale.

La première réponse de mon cœur, quand

je l'ai interrogé sur ses devoirs en même temps que sur ses affections, a été celle-ci : *Ton père et ta mère*. J'ai senti que ces mots le faisaient battre fort, et j'ai été content. Oui, oui, me suis-je dit, il y a là dedans tout ce qu'il faut : respect, reconnaissance, amour et confiance. Oh ! Simon, tu ne peux oublier jamais ce que tu leur dois : le bienfait de la vie, les soins donnés à ton enfance, les sollicitudes, les fatigues, les veilles de celle qui t'a mis au monde et nourri de son lait ; l'indulgence, le zèle de celui qui a travaillé pour t'élever et pour préparer ton avenir ; l'éducation que tu as reçue de lui, et les exemples qu'il t'a offerts. Oh ! Simon, tu te souviendras toujours qu'il y a dans ces mots « piété filiale » quelque chose qui indique que ton père et ta mère représentent Dieu sur la terre, et qu'il faut les honorer, les servir, leur obéir ; ils deviendront vieux, infirmes, alors tu veilleras sur eux, tu les soulageras, tu travailleras à ton tour pour fournir à leurs besoins ; eussent-ils des difformités, tu ne les verras point ; et, si d'autres s'en avisaient, tu saurais les excuser, tu attirerais sur eux le respect, en te rendant toi-même juste et respectable ; car le fils vertueux est un voile jeté sur la nudité du père, un bouclier qui protége la faiblesse de la mère. Quand le fleuve coule bien transparent et pur sur des cailloux polis, il fait honneur à la source, et l'on ne s'enquiert pas si elle fut claire ou trouble.

De Jussieu.

---

7. Exemple d'amour filial.

Un enfant de huit ans avait perdu son père, qui était le seul soutien de sa famille. — Sa tendre mère lui restait, et depuis quelque temps elle languissait dans une extrême pauvreté. Une maladie grave vint mettre le comble à sa misère, et, dans sa triste position, elle manquait des choses les plus nécessaires.

Heureusement pour cette infortunée qu'elle avait un fils qui sentait déjà l'affreuse position de sa mère. — Mais comment la soulager ? Oh ! la tendresse est ingénieuse ! — L'enfant avait une fort belle chevelure ; pensant en lui-même qu'elle peut lui procurer quelque ressource, il court chez un coiffeur et lui vend sa chevelure blonde ; comme elle était fort belle, il en reçoit douze francs.

Dans la joie de son cœur, le tendre enfant revient chez sa mère en serrant de toutes ses forces les douze francs dans sa main ; il s'approche de son lit de douleur : — Maman, lui dit-il, tu ne me gronderas pas, tiens, j'apporte douze francs qu'on m'a donnés pour mes cheveux.

La pauvre mère verse des larmes de tendresse et de douleur, et s'écrie en soupirant : Oh ! je ne regrette pas la vie, elle est trop amère ! mais toi, mon enfant, que vas-tu devenir ? — Elle expire en prononçant ces tristes paroles.

Cette bonne action ne fut point perdue pour ce bon fils : un homme riche le recueillit et lui servit de père.

Heureux l'enfant qui sait rendre au malheur d'un père et d'une mère les soins et les bienfaits qu'il en a reçus dans son enfance ?

---

8. Autre exemple d'amour filial.

Un curé avait fait venir chez lui trois enfants de l'un de ses paroissiens réduit à la plus affreuse misère. Il voulait faire prendre mesure d'habits à ces pauvres créatures. Comme il faisait un froid rigoureux, les trois enfants étaient transis. Le bon curé leur dit de s'approcher du feu, et leur fait apporter du pain et un peu de viande. Les deux aînés mangent leur portion de bon appétit. Pour le troisième, il regardait la sienne d'un air satisfait, mais il n'y touchait pas. « Quoi ! mon enfant, lui dit le curé, tu ne manges pas ? — Non, monsieur, répondit-il, je garde ma part pour ma mère qui est malade. — Mange toujours, mon petit, j'enverrai ce qu'il faut à ta maman. — Non, monsieur, je veux lui porter ce que voilà, car maman est malade. » A ces derniers mots les yeux de l'enfant se remplirent de larmes. « Ta mère, mon petit ami, ne manquera de rien ; mais crois-moi, mange, tu dois avoir faim. — Oui, j'ai faim, mais maman est malade. — Eh bien ! tiens, voilà du pain et de la viande que tu lui porteras ; mais mange ce que je t'ai donné. — Alors, monsieur, je mangerai bien mon pain sec ; ma viande, je veux la garder pour maman qui est malade. »

DELACROIX.

9. Le bon Fils.

Frédéric II, roi de Prusse, sonna un jour, et personne ne vint. Il ouvrit sa porte et trouva son page endormi dans un fauteuil. Il s'avança vers lui et allait le réveiller lorsqu'il aperçut un bout de billet qui sortait de sa poche. Il fut curieux de savoir ce que c'était, le prit et le lut. C'était une lettre de la mère du jeune page; elle le remerciait de ce qu'il lui envoyait une partie de ses gages pour la soulager dans sa misère. Elle finissait par lui dire que Dieu le bénirait pour la bonne conduite qu'il tenait envers elle. Le roi, après avoir lu, entra doucement dans sa chambre, prit un rouleau de pièces d'or et le glissa avec la lettre dans la poche du page. Rentré dans sa chambre, le roi sonna si fort que le page se réveilla et entra. « Tu as bien dormi, » lui dit le roi. Le page voulut s'excuser, et, dans son embarras, il mit par hasard la main dans sa poche et sentit avec étonnement le rouleau; il le tire, pâlit et regarde le roi en versant un torrent de larmes, sans pouvoir prononcer une seule parole. — Qu'est-ce? dit le roi. — Ah! sire, dit le jeune page en se précipitant à genoux, on veut me perdre : je ne sais ce que c'est que cette somme que je trouve dans ma poche. — Mon ami, reprit le roi, Dieu nous envoie souvent le bien pendant notre sommeil. Envoie cet argent à ta mère, salue-la de ma part et assure-la que j'aurai soin d'elle et de toi.

La douleur du jeune page se changea alors en transports de joie ; il reconnut par sa propre expérience que rien ne contribue plus à rendre des enfants heureux que les sacrifices qu'ils font pour adoucir les maux de ceux à qui ils doivent la vie.

(Morale en action.)

10. Autre exemple.

Un officier de cavalerie, allant rejoindre son régiment, s'occupa pendant sa route de faire quelques recrues dont il avait besoin pour compléter sa compagnie. Il s'arrêta cinq ou six jours dans une petite ville où il reçut plusieurs engagements. La veille de son départ, un jeune homme se présente chez lui et le prie d'un air timide et embarrassé de vouloir bien l'admettre comme soldat dans sa compagnie. Ses manières honnêtes prévenaient en sa faveur. L'officier lui demande le motif de la crainte qu'il manifeste. — « Je crains un refus, dit le jeune homme, et ce serait pour moi un malheur affreux. Je suis jeune, j'ai de la force, et je me sens toutes les dispositions pour servir de manière à ne mériter aucun reproche; mais les tristes circonstances dans lesquelles je me trouve me forcent de me mettre à un prix qui vous paraîtra peut-être exorbitant. Je ne puis vous suivre à moins de cinq cents livres, et je serais au désespoir si vous me refusiez. — La somme est considérable, reprit l'officier; mais vous me convenez, je vous crois de la bonne volonté, je ne marchanderai pas avec vous; je vais vous compter votre argent; signez, et tenez-vous prêt à partir demain avec moi. — Tout de suite, s'il le faut, dit le jeune homme rempli de joie; je ne vous demande que le temps d'aller remplir un devoir sacré. » Il signa son engagement et se retira après avoir reçu les cinq cents livres.

L'officier, croyant remarquer quelque chose d'extraordinaire dans ce jeune homme, et curieux de s'éclairer à ce sujet, sortit après lui et le suivit. Il le vit alors se diriger vers la prison, frapper vivement à la porte et entrer. Arrivé presque en même temps que lui, il l'entendit qui disait au geôlier : « Voilà la somme pour laquelle mon père a été arrêté, je la dépose entre vos mains ; conduisez-moi vers lui : que j'aie le plaisir de lui annoncer le premier qu'il est libre. » L'officier s'était arrêté un moment pour lui donner le temps d'arriver seul auprès de son père ; puis, s'avançant, il voit ce jeune homme dans les bras d'un vieillard, qu'il couvre de ses caresses et de ses larmes, et auquel il apprend qu'il vient d'engager sa liberté pour lui procurer la sienne. Le prisonnier mêle ses larmes à celles de cet excellent fils. L'officier, vivement ému, ne peut se contenir plus long-temps. — « Consolez-vous, dit-il au vieillard, je ne vous enlèverai point votre fils , je veux partager le mérite de son action ; il est libre ainsi que vous, et je ne regrette pas une somme dont il a fait un si noble usage. »

---

11. Leçon d'un père à ses fils.

Un marchand retiré des affaires habitait un

village avec ses deux fils, qu'il avait bien élevés ; mais le mauvais exemple donné par l'un
de leurs cousins, venu de la ville voisine, leur
avait fait contracter une habitude détestable :
ils tournaient en dérision toutes les personnes
âgées qu'ils voyaient passer dans les rues du
village ; riches et pauvres, nul ne trouvait
grâce à leurs yeux.

Souvent le père réprimandait les enfants : il
leur disait qu'il fallait respecter la vieillesse et
non s'en moquer ; que c'était une lâcheté, un
vice du cœur, d'agir comme ils faisaient. Ces
avertissements et ces reproches, écoutés en silence, n'étaient pas mis à profit, et, dès que le
père s'était éloigné, les jeunes gens recommen-
çaient à rire de la tournure, du langage et des
rides de toutes les vieilles gens qu'ils rencon-
traient.

Un jour que le père avait fait à ses fils une
réprimande très sévère, qu'ils avaient bien
méritée en se livrant à leur funeste habitude,
il les vit entrer le soir dans sa chambre ayant
chacun un bouquet de fleurs à la main : ils ve-
naient lui souhaiter sa fête, qui arrivait le len-
main. Tous deux lui exprimèrent toute leur

tendresse, et terminèrent leur compliment en exprimant le vœu de voir revenir bien long-temps encore cet anniversaire.

« Non, non, mes enfants, leur répondit-il, ne souhaitez pas que je vive longtemps ; souhaitez plutôt que je meure bientôt : car, si je vis, je deviendrai vieux, et chaque enfant du village voudra rendre à votre père toutes les moqueries dont vous avez poursuivi leurs parents.

Les deux fils comprirent la leçon et en profitèrent. Ils montrèrent, à partir de ce moment, tant de respect et de déférence pour la vieillesse, qu'ils firent oublier leur conduite coupable à tous ceux qui en avaient été offensés.

12. Le fruit gâté, ou leçon d'une mère à son fils.

Une mère de famille étant sur le point de se séparer de son fils, qui allait terminer ses études dans une ville voisine, lui donna tous les conseils que lui inspirait sa sollicitude maternelle ; puis elle le conduisit dans le verger, où elle lui fit cueillir les fruits les plus beaux ; elle en remplit une corbeille qu'il devait emporter avec lui, et elle glissa, sans que son fils s'en aperçût, un fruit gâté au milieu des autres fruits.

L'enfant, arrivé au collége, écrivit quelques jours après à sa mère; il lui disait : « J'ai bien du chagrin, bonne mère, d'être séparé de vous, et l'étude seule peut me distraire de mes tristes pensées. Je vais travailler avec ardeur pour me rendre digne de votre tendresse et vous récompenser de tous vos soins. J'ai ici de bons camarades qui m'ont bien accueilli; j'aurais bien voulu partager avec eux les fruits que vous m'avez donnés, mais en ouvrant la corbeille je les ai trouvés entièrement gâtés. J'ai peine à comprendre comment des fruits aussi frais et aussi beaux ont été si vite perdus. »

Sa mère lui répondit : « Mon cher enfant, ces fruits que tu avais cueillis si frais et si beaux ont été si vite perdus parce qu'il y avait au milieu d'eux un fruit gâté, qui a suffi pour gâter tous les autres. Vois dans cet exemple une leçon dont tu profiteras. Un cœur vicieux, au milieu d'une jeunesse vertueuse, peut bientôt la corrompre si elle ne se tient sur ses gardes.

Tu as un caractère doux et honnête ; tu as été accoutumé dès l'enfance à une vie sage et pieuse, tu crains de faire le mal ; mais tous ces soins, toutes ces bonnes qualités peuvent être perdus en un moment : une mauvaise société aurait bientôt gâté tout ce qu'il y a de bon en toi. Avant de donner ton amitié et ta confiance à un camarade, examine attentivement sa conduite ; connais bien le fond de son cœur, et n'oublie pas que celui qui se lie avec des compagnons pervers se pervertit bientôt lui-même. Fuis, mon cher enfant, fuis les mauvais exemples et les mauvaises sociétés si tu veux conserver ton âme pure. Pense toujours à Dieu et à ta bonne mère. »

PENSÉES ET MAXIMES

1. — Honorez votre père et votre mère de tout votre cœur, et faites tout pour eux comme ils ont tout fait pour vous.

2. — Celui qui honore sa mère est comme un homme qui amasse un trésor.

3. — Aimons tendrement nos parents ; aimons non seulement leur personne, mais leur état et leur condition.

9

4. — Mépriser la condition et la position de ses parents, ou même en rougir, c'est un sentiment criminel et impie ; c'est un blasphème contre Dieu.

5. — Celui qui afflige son père et repousse sa mère mérite tout opprobre et tout malheur.

6. — L'enfant docile reçoit les conseils, les réprimandes et les punitions comme un témoignage d'affection paternelle.

7. — Ecoutez, mes enfants, les avis de votre père, afin que vous soyez sauvés.

8. — Il y a beaucoup de douceur et de bonheur dans l'obéissance.

9. — L'enfant qui désobéit à ses parents désobéit à Dieu lui-même, car son père et sa mère sont sur la terre les représentants de l'autorité divine.

10. — Le plus heureux des enfants, c'est le plus docile à l'égard de ses parents.

11. — Obéissons toujours avec empressement à nos parents ; obéissons-leur franchement, complètement et gaîment.

12. — L'enfant ne doit point avoir de secrets ni pour son père ni pour sa mère.

13. — La défiance envers sa mère peut être la source de grands chagrins.

14. — Dieu bénit ordinairement, même dès ce monde, les enfants qui remplissent avec fidélité le devoir de la reconnaissance envers leurs parents.

SUITE DES
DEVOIRS ENVERS LA FAMILLE

---

1. Frères et Sœurs

Votre père et votre mère ne sont pas les seules personnes qui composent votre famille: vous avez encore des frères et des sœurs, c'est-à-dire d'autres vous-mêmes, que vous devez aimer et chérir. Si vous devez à vos parents du respect, de l'obéissance, n'oubliez pas que vos frères et vos sœurs ont droit à de la douceur de votre part, à de la condescendance, à de la bonté. Dans ce monde, mes enfants, nul n'est parfait; nous avons chacun nos défauts, et le grand talent pour être heureux et rendre heureux ceux qui vivent avec nous, c'est de savoir se faire des concessions mutuelles. De quel droit, en effet, voudrez-vous que votre frère vous passe demain votre mauvaise humeur si aujourd'hui vous n'avez pas supporté la sienne? Vous êtes bruyant, tapageur ; il est timide et tranquille ; s'il ne veut pas sortir de ses habitudes pour jouer avec vous, et, si d'autre part, vous ne savez vous modérer un peu pour ne point le fatiguer, vous perdez en querelles le temps que vous auriez pu employer agréablement, et certes vous n'y gagnerez ni l'un ni l'autre.

Les frères et les sœurs doivent donc bien s'aimer ; et, lorsqu'il s'élève entr'eux quelque discussion, il faut que les aînés se souviennent qu'ayant plus de raison ils doivent avoir aussi plus d'indulgence ; et les plus jeunes qu'ayant moins d'expérience, ils doivent avoir beaucoup plus de soumission. C'est ainsi qu'ils se maintiendront en bonne intelligence, et que l'amour fraternel contribuera au bonheur et à la prospérité de toute la famille.

---

2. La Querelle

Un jour Sophie s'amusait à peindre des images pendant que son frère Paul découpait des cartes pour en faire des paniers à salade. Ils étaient tous deux assis à une petite table en face l'un de l'autre ; Paul, en remuant les jambes, faisait remuer la table.

— Fais donc attention, lui dit Sophie d'un air impatienté, tu pousses la table ; je ne peux pas peindre.

Paul prit garde pendant quelques minutes, puis il oublia et recommença à faire trembler la table.

— Tu es insupportable, Paul, s'écria Sophie ; je t'ai déjà dit que tu m'empêchais de peindre.

— Ah bah ! dit Paul, pour les belles choses que tu fais ce n'est pas la peine de tant se gêner.

— Je sais très bien que tu ne te gênes jamais ; mais comme tu me gênes, je te prie de laisser tes jambes tranquilles ou je les attacherai avec une ficelle ; et si tu continues à remuer, je te chasserai.

— Essaye donc un peu, répondit Paul, tu verras ce que savent faire les pieds qui sont au bout de mes jambes.

Sophie, tout à fait en colère, lance de l'eau à la figure de Paul, qui, s'impatientant, donne un coup de pied à la table et renverse tout ce qui était dessus. Sophie s'élance sur Paul et lui griffe si fort le visage que le sang coule de sa joue. Paul crie; Sophie, hors d'elle-même, continue à lui donner des tapes et des coups de poing. Paul, qui n'aimait pas à battre sa sœur, finit par se sauver dans un cabinet, où il s'enferme. Sophie a beau frapper à la porte, Paul n'ouvre pas. Sophie finit par se calmer.

Quand sa colère fut passée, elle commença à se repentir de sa méchanceté.

— Pauvre Paul, pensa-t-elle, comme j'ai été méchante pour lui ! Comment faire pour qu'il ne soit plus fâché ? Je ne voudrais pas demander pardon; c'est ennuyeux de dire : Pardonnemoi…. Pourtant, ajouta-t-elle après avoir un peu réfléchi, c'est bien plus honteux d'être méchant. Et comment Paul me pardonnera-t-il si je ne lui demande pas pardon ?

---

3. Suite de la querelle.

Après avoir un peu réfléchi, Sophie se leva, alla frapper à la porte du cabinet où s'était enfermé son frère, mais cette fois pas avec colère, ni en donnant de grands coups de poing, mais doucement; elle appela d'une voix bien humble : « Paul, Paul ! » mais Paul ne répondit pas. « Paul, ajouta-t-elle toujours d'une voix douce, mon cher Paul, pardonne-moi, je suis bien fâchée d'avoir été méchante. Paul, je t'assure que je ne recommencerai pas. »

La porte s'entr'ouvrit tout doucement et la tête de Paul parut. Il regarda sa sœur avec méfiance.

— Tu n'es plus en colère ? bien vrai ? lui dit-il.

— Oh ! non, non, bien sûr, cher Paul ! répondit Sophie; je suis bien triste d'avoir été si méchante.

Paul ouvrit tout-à-fait la porte, et Sophie, levant les yeux, vit son visage tout écorché; elle poussa un cri et se jeta au cou de Paul.

— Oh ! mon pauvre Paul, comme je t'ai fait mal ! comme je t'ai griffé ! Que faire pour te guérir ?

— Cela ne sera rien, répondit Paul, cela passera tout seul. Cherchons une cuvette et de l'eau pour me laver. Quand le sang sera parti, il n'y aura plus rien du tout.

4. Les enfants bien élevés

Armand et Elvire étaient des enfants bien élevés; ils ne faisaient point de bruit à la maison et s'amusaient ensemble sans se quereller. Ils se distinguaient surtout des autres enfants par leur exacte obéissance, et jamais leurs parents n'étaient obligés de répéter leurs ordres; un seul signe leur suffisait. A les voir, on aurait cru qu'ils n'avaient qu'une même volonté.

Quand le moment était venu de se rendre à l'école, ils prenaient leurs livres et s'en allaient directement sans s'arrêter en chemin. En classe, ils ne causaient ni ne riaient, mais ils remplissaient avec la plus grande ponctualité les ordres qui leur étaient donnés, et aux examens publics c'étaient eux qui obtenaient ordinairement les prix et les éloges. A l'église ils édifiaient tout le monde par leur modestie et leur recueillement; jamais ils ne tournaient la tête pour voir ce qui se passait autour d'eux, et ils étaient généralement cités comme des modèles de piété.

Heureux les enfants qui se conduisent d'une manière si louable, et plus heureux encore les pères qui ont de tels enfants!

5. De l'union fraternelle

Un père avait sept fils qui étaient rarement d'accord. Ils se querellaient souvent et négligeaient par là leur devoir.

Le père, s'en apercevant, fit venir un jour ses sept fils ; il leur présenta sept bâtons qui étaient parfaitement liés ensemble, et leur dit : « Je récompenserai celui d'entre vous qui rompra ce faisceau. » Ils y employèrent tour à tour toutes leurs forces ; à la fin chacun avoua que cela lui était tout-à-fait impossible.

— Et cependant, reprit le père, rien n'est plus facile. Il délia alors le faisceau et rompit sans le moindre effort tous les bâtons les uns après les autres.

— Oh ! s'écrièrent les fils, de cette manière c'est bien facile ; le plus petit enfant en ferait autant.

— Mes chers fils, leur dit alors le père, il en est de vous comme de ces bâtons ; tant que vous serez unis, vous résisterez à tout, et personne ne pourra vous opprimer ; mais, si le lien qui doit vous unir vient à se briser, vous aurez le même sort que ces bâtons qui sont rompus.

Bentz.

6. Le frère généreux

Le fils d'un riche négociant avait tellement irrité son père par une mauvaise conduite, qu'avant de mourir le vieillard le déshérita. Le jeune étourdi, ayant appris cette triste nouvelle, rentra en lui-même, reconnut ses torts, sentit qu'il s'était rendu digne de la juste sévérité dont son père avait usé envers lui, et, au lieu de se plaindre, il se contenta de dire : *Je l'ai mérité.* Son frère, qui avait hérité de tous les biens paternels, ayant appris la louable modération qu'il avait montrée dans cette circonstance critique, alla le trouver, l'embrassa et lui dit ces paroles à jamais mémorables : « *Mon frère, par un testament solennel, mon père m'a institué son légataire universel ; mais il n'a voulu exclure que l'homme que vous étiez alors, et non celui que vous êtes aujourd'hui : je vous rends la part qui vous est due.* »   L'abbé Reyre.

---

7. Dévoûment d'une sœur

Un chien enragé, d'une grosseur énorme, parcourait les campagnes du département de

Maine-et-Loire. Déjà plusieurs animaux avaient été atteints par ses funestes morsures. Echappé à toutes les poursuites des gardes et des chasseurs, il continuait ses ravages plus terribles chaque jour.

Une jeune fille de quatorze ans, nommée Françoise Lehire, travaillait dans les champs à côté de son frère âgé de neuf ans, lorsque tout à coup elle entendit les cris d'un chien qui venait d'être mordu par le redoutable animal; il s'enfuyait en hurlant de douleur. A peine s'était-elle retournée à ce bruit, qu'elle aperçut le chien enragé qui accourait les yeux sanglants, la gueule écumante, et se dirigeait vers l'enfant qui jouait à quelque distance.

La jeune fille n'hésita pas un moment; elle ne calcule ni ses forces ni le danger; elle s'élance au-devant de l'ennemi et l'oblige à tourner contre elle toute sa fureur. Le chien se jette sur elle; elle le saisit corps à corps, le serre étroitement malgré les blessures qu'elle reçoit aux bras et aux mains, et appelle du secours, tandis que son frère tombe évanoui de frayeur.

Heureusement des ouvriers qui travaillaient

dans le voisinage avaient aperçu cette terrible scène. Ils accourent, et à coups de pioches et de bâtons ils assomment l'animal furieux, que Françoise avait retenu malgré ses efforts et empêché de fuir. — Des soins prodigués à l'intrépide jeune fille ont pu l'arracher à une mort presque certaine, et ont permis au Ministre, informé de cette noble action, de décerner une récompense publique à cette héroïne de l'amour fraternel.   RENDU.

8. La bonne sœur

Catherine Méha, fille d'un instituteur primaire du Morbihan, devint orpheline de bonne heure et remplit tous les devoirs d'une mère auprès de son frère, plus jeune qu'elle de quelques années. Elle consacra à son éducation une somme de deux mille francs qu'elle avait recueillie dans la succession paternelle; et lorsque, à l'aide de ce sacrifice, elle fut parvenue à le faire entrer à l'Ecole normale de Rennes, elle attendit qu'il devînt instituteur pour continuer auprès de lui la mission qu'elle s'était imposée.

Le jeune Méha, après deux années d'étude à l'École normale, fut envoyé au Croisic, où il se maria. Catherine partagea tous ses travaux et contribua au succès de son école sans réclamer jamais aucune part des produits.

Méha mourut, laissant une femme toujours malade et cinq enfants, dont l'aîné touchait à peine à sa onzième année.

Catherine restait le seul appui de cette femme mourante et de ses cinq enfants. Vouée dès sa jeunesse à l'éducation, il lui manquait cependant le brevet de capacité; il lui fallut renoncer à l'enseignement. Par une résolution vraiment héroïque, Catherine chercha dans les travaux les plus rudes, qui n'appartenaient ni à son sexe ni à son âge, les moyens de faire exister la famille qu'elle avait si généreusement adoptée. Elle transporta des pierres sur la jetée du Croisic.

Ce dévoûment de tous les jours s'accomplit sous les yeux d'une population qui conservera le souvenir d'une si grande vertu.   X.

---

9. Aimer et respecter vos maîtres.

Il n'y a rien de plus affligeant et de plus

triste que de voir un enfant rebelle à la volonté de ses maîtres, et qui, loin d'avoir pour eux le respect et la reconnaissance que mérite leur dévoûment, résiste à leurs ordres, néglige leurs conseils, ou se rit de leurs actions et de leurs paroles. Une telle conduite est bien blâmable! et l'enfant qui s'en rend coupable ne songe pas que désobéir à son maître c'est désobéir à son père lui-même; bien plus, c'est désobéir à Dieu. En effet, l'autorité que le père de famille tient de Dieu, il la lègue en partie à votre maî-tre; et ne lui a-t-il pas dit en vous remettant entre ses mains : « Voilà mon fils, je vous le confie; soyez un second père pour ce faible enfant qui a tant besoin d'appui et de conseils. Donnez-lui une partie de votre science, mais donnez-lui surtout de solides vertus; faites-en un homme utile et sage, et il vous devra plus qu'à moi? » Et votre père, en parlant ainsi, a eu raison : car c'est votre maître qui va désor-mais développer dans votre cœur le germe des qualités qui rendent les hommes estimables et heureux, et qui, par ses sages remontrances, va s'efforcer de détruire vos défauts naissants, de corriger les imperfections de votre carac-tère.

Vous le voyez donc, mes amis, vos maîtres tiennent près de vous la place de vos parents. Ce serait témoigner un grand mépris pour la volonté de votre père que de ne pas honorer vos maîtres comme les dépositaires de cette volonté qui doit être sacrée pour vous.

Mais ce n'est pas tout encore : non seulement vous devez respecter vos maîtres parce qu'ils représentent votre père, mais vous devez aussi les aimer, être pénétrés de reconnaissance pour les services qu'ils vous rendent, et faire tous vos efforts pour les contenter.

____

10. L'enfant content

Je suis un enfant heureux et content, disait un jour le petit Jules. Le bon Dieu m'a donné d'excellents parents qui me procurent beaucoup de choses, et qui me font du bien tous les jours. Dieu me dispense aussi la force pour travailler, la santé pour être gai et content, l'intelligence pour apprendre, la nourriture pour vivre. Me faut-il pour mes études des livres, des plumes, du papier, de l'encre, je n'ai qu'à dire un mot à mon père ou à ma mère, et j'obtiens tout ce dont j'ai besoin.

Je dois beaucoup de respect et de reconnaissance à mon maître pour l'instruction et l'éducation qu'il me donne; je ne lui porte pas moins d'affection qu'à mon père, car il m'aime, j'en suis certain, et il se donne bien de la peine pour m'instruire. Travaillez, mes enfants, nous dit-il sans cesse, et donnez-vous de la peine, car sans peine point d'instruction, point de progrès. Mais, après le travail, livrez-vous gaîment aux récréations et aux jeux de votre âge; car il faut aussi au corps du repos, du mouvement, de l'exercice. Quel excellent maître! Aussi, le soir, las du travail et des jeux, j'adresse une fervente prière à Dieu pour le remercier de tant de bienfaits; ma mère me bénit ensuite, et je m'endors d'un doux et paisible sommeil.

---

11. Le petit Alphée.

Le petit Alphée est un garçon fort obéissant, fort bon, fort gentil; il est assidu à l'école, reconnaissant envers ses parents et son maître, bon et bienveillant envers ses camarades, poli et complaisant envers tout le monde.

A l'école, Alphée a une conduite digne d'éloges, exempte de tout reproche. Il est sincèrement attaché à son maître, adonné au travail et fidèle à remplir ses devoirs. Il ne fait jamais rien de contraire aux ordres qu'il reçoit, et, si parfois il lui arrive, bien involontairement, de se rendre coupable de quelque faute légère, il l'avoue franchement, car il est incapable de mentir ou de faire quelque chose indigne d'un bon écolier. Avide d'apprendre, jaloux d'orner son esprit de connaissances et son cœur de vertus, il se montre très reconnaissant des peines que son maître se donne pour son éducation.

Personne n'est plus qu'Alphée exact à remplir ses devoirs d'écolier, ni plus soigneux de ses livres et de ses cahiers; on le cite partout comme un modèle d'ordre, d'exactitude et de propreté.

Quoique sensible aux éloges, il n'est ni envieux de ceux que le maître donne à ses camarades, ni fier de ses propres qualités; il se montre au contraire peu disposé à faire parade de son savoir, et il est toujours prêt à aider les autres élèves dans leurs devoirs.

En un mot, Alphée est un enfant aimé de

tout le monde, et il mérite cet amour ; car son zèle pour l'instruction est égal à la bonté de son cœur et à la douceur de son caractère.

Imitez-le, mes enfants, et vous serez, comme lui, loués de vos maîtres et adorés de vos parents.

PENSÉES ET MAXIMES

1. — Un frère est un ami que nous tenons de la main de Dieu.

2. — Mon frère sera mon meilleur ami, et je n'aimerai personne plus tendrement que ma sœur.

3. — Je ne serai pas dans la joie quand mon frère et ma sœur seront dans la tristesse ; je les soutiendrai s'ils ont besoin de moi ; je les aiderai de ce que j'ai ; si peu que j'aie, je ne leur fermerai point ma maison ni mon cœur.

Il y a une vieille parole ; elle est pleine de vérité : L'union fait la force.

4. — Le frère aîné doit être plein de complaisance et de douceur pour le plus jeune ; le petit frère ou la petite sœur doit être reconnaissant et déférent pour sa sœur ou son frère aîné.

DEVOIRS ENVERS LE PROCHAIN

1. Devoirs généraux

Nos devoirs envers le prochain sont renfermés dans les deux préceptes que voici :

Ne faites pas à autrui ce que vous ne voudriez pas qu'on vous fît;

Et faites constamment aux autres tout le bien que vous voudriez en recevoir.

Si l'amour du prochain régnait parmi les hommes, il n'y aurait ni crimes ni malheureux sur la terre.

Nous devons donc aimer tous nos semblables et les aider quand ils ont besoin de nous, si nous voulons qu'ils nous aiment et qu'ils nous aident quand nous aurons besoin d'eux.

Nous devons aimer d'une manière particulière les personnes qui sont chargées de notre éducation, et leur témoigner en toute occasion beaucoup de respect et de reconnaissance.

A tous nos supérieurs nous devons respect, soumission, obéissance en toutes choses justes et raisonnables.

2. Charité ou amour du prochain

La charité, c'est-à-dire l'amour du prochain, est la vertu par excellence. L'apôtre saint Jean, parvenu à une extrême vieillesse, ne prononçait plus que ces seules paroles : « Mes enfants, aimez-vous les uns les autres. » Celui qui aime sincèrement son prochain tâche de lui être utile et agréable ; il lui fait tout le bien qui est à sa disposition, il lui rend service, il prend part à ses peines comme à ses plaisirs ; sa vie, en un mot, est une suite continuelle de bienfaits. Or, mes amis, rien ne rend plus heureux, rien ne dilate plus le cœur que l'accomplissement et le souvenir d'une bonne action.

N'allez pas croire qu'aux riches seuls appartient le privilége de répandre autour d'eux les bienfaits : tous, même les pauvres, peuvent se procurer cette noble et douce satisfaction ; car il y a mille manières de témoigner à ses semblables qu'on les aime. Ainsi, par exemple, c'est un malade que nous allons visiter ; c'est un voisin à qui nous offrons l'aide de notre bras ; c'est une personne affligée à qui nous adressons quelques paroles de consolation ;

c'est un homme qui est sur le point de commettre une mauvaise action, de se porter à un acte
de désespoir, et qu'un avis charitable adroitement donné contribue à remettre dans le bon
chemin. Nous pouvons donc tous, comme vous
le voyez, pratiquer la charité, les occasions ne
manquent pas ; il suffit pour cela d'avoir un
cœur tendre et généreux, un cœur qui puise
surtout ses inspirations au foyer de la religion
chrétienne.

---

3. Suite de la charité

Aimez-vous donc bien les uns les autres,
mes enfants ; que la charité se dilate, se développe dans vos jeunes cœurs à mesure que vous
croîtrez en âge ; faites-en dès maintenant le
doux apprentissage, en témoignant de l'amitié
à vos camarades d'étude, en leur rendant de
petits services. Plus tard, lorsque, devenus
grands, vous connaîtrez tout le prix de la charité, lorsque vous serez à même d'étendre plus
loin vos bienfaits, vous vous rappellerez ou
plutôt l'expérience vous apprendra tout ce que
peut offrir de délices la pratique de cette aima-

ble vertu. Comment, au contraire, pourrait être heureux celui qui, étranger à tout sentiment de charité, ne connaît que l'envie, et est jaloux et ennemi de tout ce qui n'est pas lui? La haine qu'il nourrit dans son cœur, le déplaisir qu'il ressent du bien qui arrive aux autres, le dépit cruel qu'il éprouve de voir son voisin prospérer mieux que lui, sont pour lui un supplice de tous les instants; c'est un poison qui le ronge, et voilà pourquoi dans le tableau que l'on fait de l'envie on la représente sous un visage pâle, les traits décharnés, un teint livide, les ongles déchirants, parce que, je le répète, cette passion dévorante fait autant de mal à ceux qui en sont possédés qu'à ceux qui en sont l'objet.

Apprenez de là, mes enfants, à éloigner de votre cœur tout ce qui pourrait en troubler la paix et porter la moindre atteinte à l'amour que vous devez à vos semblables. La douceur et la patience, qui sont les compagnes inséparables de la charité, voilà les vertus que vous devez opposer à la colère des autres, aux injures que l'on pourrait vous adresser, au mal que l'on voudrait vous faire.

4. Le petit Victor

J'ai connu un petit garçon de votre âge, plus jeune même que beaucoup d'entre vous : il comptait dix ans à peine. Dans la même maison qu'habitaient ses parents demeurait une vieille femme aveugle. Cette femme n'avait pas besoin d'aide matérielle ; ses ressources lui permettaient même d'avoir pour servante une grosse fille de campagne bien active, bien soigneuse, bien dévouée, mais d'une ignorance complète ; c'était ce qui désolait la pauvre infirme, qui n'avait ni parents, ni amis, et qui se trouvait ainsi privée de la lecture, cette nourriture fortifiante de l'âme. Victor devine cette privation, et tous les jours, à peine est-il libre de jouir de la récréation, qu'avec la permission de sa mère, il vient s'asseoir aux pieds de la pauvre femme, qui ne peut le voir, mais qui le bénit, et il lui fait une demi-heure de lecture dans le *Livre des affligés*, dans l'*Ame élevée à Dieu*, dans l'*Imitation de Jésus-Christ* et autres livres semblables, livres bien beaux, mais bien sérieux pour son âge. N'est-ce pas là un acte de charité et des meilleurs ?

5. Le petit Paul

Paul est pauvre, bien pauvre ; il n'a pas douze ans, et déjà, pour aider ses parents, il s'est soumis dans une manufacture à un dur labeur. — Il rentre tard, bien fatigué, et ne trouve sous le toit paternel qu'un chétif repas ; mais le sommeil du moins va réparer ses forces ; ses yeux se ferment à moitié, son corps est accablé. Le lit, tout dur qu'il est, l'invite au repos... Mais un autre devoir l'appelle, et Paul secoue la fatigue ; il quitte son escabeau, s'éloigne du foyer encore tiède et sort de l'humble mansarde. Il va s'informer si une pauvre voisine, veuve et mère de deux petits enfants au berceau, n'a besoin de rien. Il embrasse et caresse les enfants ; car il a remarqué que ses baisers appelaient un éclair joyeux dans le regard découragé de leur mère. Il cause un instant avec elle pour la distraire, et, en la quittant, appelle sur elle les bénédictions du Seigneur. Demain matin il se lèvera une demi-heure plus tôt pour aller lui offrir de faire ses commissions, et chaque jour il répète sa double visite de charité.

6. L'ami dans le besoin

« Ma bonne mère, dit un jour le petit Adolphe en revenant de l'école, le pauvre Nicolas, qui n'a plus ni père ni mère, est bien malheureux ; il est malade, et les gens qui l'ont recueilli le laissent tout seul dans une vilaine chambre, sans en avoir soin ; si vous voulez me le permettre, j'irai voir souvent Nicolas. — Bien volontiers, mon fils : il est juste que des amis s'entr'aident dans le besoin ; mais sois prudent : informe-toi d'abord si la maladie de ton ami n'est pas contagieuse. »

Adolphe ayant appris qu'il n'y avait rien à craindre pour lui, alla passer tous les jours des heures entières auprès de son ami, pour lui donner les soins que son état réclamait. Quand Nicolas fut convalescent, Adolphe lui fit des lectures dans de bons livres, et lui apporta des aliments fortifiants qu'il demandait à sa mère. Un de ses camarades lui dit un jour : « Tu es bien sot de passer des heures entières avec ce malade. — Si tu étais abandonné comme il l'est, lui répondit Adolphe, ne verrais-tu pas avec plaisir qu'un ami prît soin de toi ? »

11

Nicolas, ayant recouvré la santé, remercia d'une manière touchante son excellent ami. — Que je serais heureux, mon bon Adolphe, de pouvoir te faire quelque plaisir ! mais je suis pauvre, et je ne sais comment m'y prendre. Quelque temps après, Adolphe, étant allé voir son petit jardin, le trouva bien nettoyé, bien arrangé et garni de belles fleurs. Ne sachant pas qui lui avait procuré cette agréable surprise, il fut heureux d'apprendre que c'était un témoignage de la reconnaissance de son ami Nicolas. Depuis ce moment leur amitié fut inaltérable.

---

7. L'enfant charitable

Louis et Charles, en se rendant pendant l'hiver dans un village voisin pour visiter leur oncle qui y demeurait, trouvèrent un homme couché dans la neige, sur le bord de la route. Louis, craignant que le froid ne le fît mourir, s'approcha de lui et le secoua fortement afin de l'éveiller. — Tu peux le secouer longtemps avant qu'il s'éveille, lui dit Charles ; tu ne vois donc pas qu'il est ivre ? Laisse-le ; continuons

notre route, car il fait bien froid. — Je reste-
rai, lui répondit Louis ; ce pauvre homme
pourrait mourir de froid ; quand même il serait ivre, il a besoin de secours ; je ferai mon
possible pour lui sauver la vie. — Fais ce que
tu voudras, lui dit Charles en s'en allant, je ne
veux pas geler plus longtemps ici.

Louis, après avoir couvert de neige l'étranger endormi, courut chercher une voiture dans
le village voisin. Il rencontra heureusement
sur son chemin un voiturier charitable, qui
transporta ce malheureux sur sa voiture dans
une auberge située non loin de là, où les secours qu'on lui prodigua le rappelèrent à la
vie. Louis, heureux d'avoir fait une bonne action, continua ensuite son chemin. Que pensez-
vous de Charles et de Louis ? Lequel des deux
s'est le mieux conduit ?

---

8. La petite quêteuse

La bonne et douce Marie vidait sa petite
bourse dans la main des pauvres qui implo-
raient sa charité ; malheureusement ses parents n'étaient pas riches, et son cœur saignait

quand elle n'avait plus rien à donner. Un jour une pauvre femme portant un enfant s'arrêta épuisée à la porte de la maison de Marie. La jeune fille n'avait rien, et il fallait pour l'étrangère des secours et un gîte, car elle ne pouvait continuer son voyage. Cependant Marie est incapable de voir la misère sans la soulager; son bon cœur l'inspire : elle revêt ses plus beaux habits et s'en va frapper à toutes les portes du village. A la voix de la petite quêteuse on s'attendrit. La gentille Marie obtient une petite somme, et pour l'augmenter elle va solliciter la pitié des habitants du château. Un domestique, à la figure sombre, ouvre brusquement et répond en refermant la porte : « Nous n'avons rien, petite mendiante, passez votre chemin. » La pauvre enfant s'en alla en pleurant. Quelques mois après, un infortuné vint prier Marie de lui accorder quelques secours : c'était le domestique du château, qu'on avait renvoyé. Elle le reconnut; mais, comme sa bourse était garnie, elle la vida sans rancune dans la main du solliciteur.

---

9. Le paysan et l'incendie

Le feu venait de prendre dans un village, et,

excité par un vent violent, il se propageait avec rapidité. Un paysan, dont la demeure n'était pas éloignée du foyer de l'incendie, travaillait avec ardeur à arrêter les progrès des flammes. Tout-à-coup on vient l'avertir qu'elles ont envahi sa maison, et que, s'il veut sauver ses meubles et ses bestiaux, il n'a pas un moment à perdre. — Il demande aussitôt si le feu a gagné la chaumière de son voisin. On lui répond qu'elle est enflammée, mais qu'il n'a que le temps de songer à la sienne. « N'ai-je donc rien de plus précieux à conserver ? s'écria-t-il. Mon malheureux voisin est malade et hors d'état de s'aider lui-même ; sa perte est inévitable s'il n'est pas secouru ; je suis sûr qu'il compte sur moi. » En disant ces mots, il court vers la demeure de cet infortuné, passe sans s'arrêter devant la porte de sa maison embrasée, qui pourtant était toute sa fortune, et se précipite à travers les flammes qui allaient gagner le lit du malade. Les poutres sont prêtes à s'écrouler, le plancher chancelle et va peut-être céder sous ses pas ; il s'élance pourtant auprès de son voisin, le charge sur ses épaules et ne le quitte qu'après l'avoir déposé dans un lieu de sûreté. RENDU.

10. Le dévouement

Deux voyageurs faisaient route ensemble. A moitié chemin, pendant qu'ils se reposaient dans une auberge, retentit tout-à-coup le son de la cloche et ce cri, que le feu a éclaté dans le village. A l'instant l'un des voyageurs se lève et se prépare à courir pour porter des secours. — L'autre pourtant le retint et lui dit : Pourquoi perdre ici notre temps? Il y a assez de monde sans nous; que nous font ces étrangers?

Mais lui, ne se laissant point détourner par ces paroles, courut à la maison enflammée; son camarade le suivit à pas lents, et s'arrêta pour voir l'incendie de loin.

Devant la maison enflammée, il y avait une pauvre femme qui s'écriait : Mes enfants! mes enfants!

Et, lorsque l'étranger l'entendit, il s'élança à travers les poutres qui craquaient et la flamme qui jaillissait autour de lui, et alors la foule disait : Il est perdu.

Un instant se passe, et voilà que le voyageur courageux reparaît, les cheveux brûlés, et portant dans ses bras les deux petits enfants, qu'il rendit à leur mère. — Celle-ci les embrassa et tomba aux pieds de l'étranger ; mais lui la releva et la consola, et pendant ce temps la maison achevait de s'écrouler.

Lorsque le voyageur retournait à l'auberge, après avoir rejoint son camarade, celui-ci lui dit : Mais qui donc t'obligeait à faire une action aussi hardie ?

L'autre répondit : Celui qui me commande de jeter le grain dans la terre pour qu'il y germe et porte de nombreux grains.

— Et si les débris de la maison t'avaient enseveli ?

— Eh bien, dit le brave voyageur, j'aurais été moi-même ce grain que l'on jette dans la terre pour qu'il porte de nouveaux fruits.

---

11. L'écolier charitable

Un jeune étudiant, pensionnaire d'un collége, étant un jour à la promenade avec ses camarades, rencontra un pauvre dont le vent venait d'emporter le chapeau dans la rivière. Ce pauvre était fort affligé de ce fâcheux acci-

dent, parce qu'il craignait que le froid trop vif
ne le fît retomber dans une maladie dont il
était guéri depuis quelque temps, et il demandait de quoi réparer sa perte. Le jeune étudiant, touché par sa prière, laissa un peu avancer ses camarades, et, lorsqu'il se vit avec le
pauvre, il lui dit : Tenez, je n'ai point d'argent, mais voilà mon chapeau; je souhaite
qu'il vous aille bien. — A ces mots, il va rejoindre ses camarades. — Le maître n'avait
point vu ce trait de générosité, et ce ne fut
qu'au retour de la promenade qu'il demanda
au jeune étudiant ce qu'il avait fait de son chapeau. — L'enfant ne répondit aucun mot;
mais, comme le maître le pressa de s'expliquer, l'enfant lui dit : Eh bien ! puisqu'il faut
l'avouer, je l'ai donné à un pauvre : il était
malade, avait besoin d'un chapeau, et il n'avait
point d'argent pour l'acheter, tandis que mon
père m'en a donné pour mes menus plaisirs.
— Cet heureux père apprit bientôt la bonne
action de son fils, et pour le récompenser il
doubla la petite somme qu'il lui faisait pour
ses menus plaisirs.

12. La petite Marie

La bonne sœur directrice de la salle d'asile de Pont-de-Vaux, allant, il y a quelque temps, faire une visite à une dame de la ville, prit avec elle une des plus sages de ses enfants, une gentille fillette de cinq ans. La dame, enchantée de la bonne tenue de l'enfant, lui fit mille caresses et, à son départ, lui donna une belle pomme pour son goûter. Celle-ci, après avoir bien remercié, mit la pomme dans la poche de son tablier; mais, chemin faisant, et sans rien dire à la sœur, elle décide que le beau fruit ne sera pas pour son goûter. Au lieu de rentrer dans la salle où ses petites compagnes étaient déjà réunies, Marie s'esquive. La sœur, s'apercevant de ce manége, la suit et la trouve dans le lieu destiné à recevoir les paniers des enfants, qui furetait pour en chercher un qu'elle ne trouvait pas.

Interrogée sur ce qu'elle fait, la petite Marie, après bien des hésitations, finit par avouer qu'elle cherche le panier d'une de ses jeunes amies. « Je sais, dit-elle, que sa mère ne lui donne que du pain pour son goûter; moi qui ai du fromage, je n'ai pas besoin de pomme, et je voulais la lui donner en cachette. »

La digne sœur embrasse tendrement cette enfant si jeune et déjà si ingénieuse à comprendre et à pratiquer la parole du divin Maître : Lorsque vous ferez du bien à vos semblables, que votre main gauche ignore ce que fait votre main droite.

***

13. Respecter les vieillards

« Honorez dans toutes les personnes âgées l'image de vos parents et de vos aïeux. La vieillesse est vénérable pour tous les cœurs bien nés. »

Lorsque vous êtes dans une compagnie et qu'un vieillard prend la parole, écoutez-le avec attention ; gardez-vous bien de l'interrompre ou de chercher à le contredire. Il est à présumer qu'un homme âgé, qui a pour lui l'expérience, qui a beaucoup vu, beaucoup appris, est moins sujet à se tromper dans ce qu'il dit que ceux qui ne sont encore qu'au début de la vie. Et, en supposant même que le vieillard soit mal servi par sa mémoire, et que vous soyez parfaitement sûrs que ce qu'il dit n'est pas tont-à-fait exact, vous devez encore garder le silence et sacrifier votre petit amour-propre à ce qu'exigent de vous les convenances. Il vaut mieux laisser croire que vous ignorez quelque chose que paraître manquer de respect et d'égards.

Si vous vous apercevez qu'un vieillard cherche quelque objet dont il a besoin, empressez-vous de le chercher pour lui et de le lui offrir; s'il paraît fatigué, apportez-lui un siége, et tenez-vous debout, s'il le faut. Dans la rue, s'il vient vers vous un vieillard, cédez-lui aussitôt le haut du pavé, c'est-à-dire le côté des maisons; si le chemin est très étroit, écartez-vous pour le laisser passer, et n'oubliez pas de le saluer avec la modéstie qui convient à votre âge.

---

14. Le bon petit garçon

Le père Thomas est aveugle; il ne peut ni voir les fleurs, ni les arbres, ni la lumière du soleil. Jadis ses yeux étaient brillants comme les nôtres, et il pouvait aller partout où il voulait ; maintenant ses paupières sont fermées, et, s'il quitte sa place, il doit marcher à tâtons pour ne point s'égarer. Et ce qui rend sa situation bien plus triste encore, c'est qu'il est pauvre. Depuis qu'il est privé de la vue, il ne peut plus travailler pour gagner son pain, et il se trouve, hélas ! réduit à mendier.

Il a pour compagnon et ami un petit chien, qui le guide à l'aide d'une corde, et avec lequel il partage la nourriture qu'il peut se procurer. Pauvre vieux Thomas ! qui aurait le cœur assez dur pour ne pas s'empresser de venir à son aide ?

Un bon petit garçon, appelé Joseph, se trouvait un jour sur le passage du père Thomas et le regardait avec la plus vive compassion. Joseph était encore tout petit et avait à peine atteint sa sixième année ; mais Dieu lui avait donné une bonne mère, qui lui enseignait à être bienveillant pour tous et particulièrement pour ceux qui sont dans la peine.

En suivant du regard le pauvre aveugle, Joseph vit le petit chien tourner deux ou trois fois autour d'un poteau, enrouler ainsi la corde qu'il portait au cou et rester ensuite immobile faute de pouvoir se dégager. Le père Thomas ne savait à quoi attribuer ce point d'arrêt dans la marche de son chien ; mais le petit Joseph, qui en connaissait la cause, se hâta d'aller à son secours. Malheureusement la corde était usée, et elle se rompit dans les efforts que fit l'enfant pour remettre le chien en liberté. Le père Thomas voulut en rattacher les deux bouts ; mais, comme il serrait le nœud qui devait les unir, elle se rompit encore. Joseph comprit alors qu'elle ne pourrait plus servir, et resta tout pensif auprès de l'aveugle désolé.

Quel était le sujet de ses réflexions ?... Il avait une belle corde neuve qu'il gardait soigneusement pour jouer au cheval avec son cousin Auguste : s'il la donnait au pauvre aveugle ?... Un moment il hésita en pensant au plaisir qu'il aurait à être cheval ou cocher avec Auguste ; mais son hésitation ne fut pas de longue durée, et il courut chez ses parents chercher sa jolie corde pour la mettre au cou du petit chien.

Lorsqu'il plaça l'autre bout dans la main de l'aveugle, le pauvre vieillard fut ému de joie et de reconnaissance. Sa voix tremblait lorsqu'il voulut remercier Joseph, et il ne put que lui dire en lui mettant la main sur la tête : « Que Dieu vous bénisse et vous récompense, mon enfant !

Z.

---

15. Respecter le bien d'autrui

Il n'est pas besoin d'insister beaucoup, mes amis, pour vous faire comprendre la nécessité de respecter le bien d'autrui. Dieu nous en a fait un commandement particulier, sur l'observance duquel reposent la sécurité et le bon ordre de la société tout entière. Ce commandement est ainsi conçu : « Le bien d'autrui tu ne prendras, ni retiendras à ton escient. » C'est-à-dire vous ne prendrez pas le bien d'autrui, vous ne chercherez pas à vous approprier ce qui ne vous appartient pas ; mais de plus, si vous venez à découvrir que par une circonstance quelconque, même indépendante de votre volonté, vous êtes devenus possesseurs d'une chose que vous ne deviez pas avoir et qui appartient réellement à un autre, vous devez vous empresser de la rendre à son légitime propriétaire : car, sans cela, vous seriez aussi coupables, en étant le détenteur d'une chose illégalement acquise, que si vous-mêmes vous l'aviez dérobée.

Voilà ce que renferme ce commandement de Dieu, et il n'est pas besoin de longues explications pour vous engager à le respecter. D'ailleurs une telle honte est attachée à l'épithète de voleur, que ce mot seul doit vous faire frissonner ! Cependant il y a des enfants qui n'ont pas pour le bien d'autrui tout le respect qu'ils devraient avoir, et qui s'imaginent qu'ils sont beaucoup moins coupables parce que la chose dérobée est de peu de valeur. Ils se trompent étrangement : la faute est la même. On commence par prendre un peu, on finit par prendre beaucoup. La route du mal est large et facile ; si une fois on a le malheur de s'y engager, on en sort difficilement. Ainsi un enfant dérobe des plumes dans le pupitre de son camarade, des pommes sur des arbres qu'il rencontre sur sa route ; il s'imagine que ce sont là des espiégleries : oh ! non, c'est une faute très grave : il a volé. Plus tard, cette funeste habitude le conduira à commettre des actions plus coupables encore, et dont les suites peuvent être terribles.

16. L'enfant et la corbeille de pommes

Un petit garçon alla dans une maison pour y chercher un de ses camarades d'école. Il entra dans la chambre et n'y vit personne; mais il aperçut près de la fenêtre une corbeille remplie de pommes. « Elles sont bien belles ! » se disait-il. Il s'approcha et les considéra d'un œil avide ; il tenait déjà la corbeille et avançait la main pour s'emparer d'une pomme. « Mais non, dit-il, cela n'est pas bien : je ne dois pas le faire. Quoique personne ne me voit, Dieu me voit cependant : il voit tout. » Il laissa la corbeille et les pommes, et voulut s'en aller. « Arrête ! attends ! » lui cria une personne qui se trouvait dans la chambre. Comme le petit garçon fut effrayé, il le fut plus encore lorsqu'un vieillard, qui était assis derrière le poêle, s'avança vers lui. — N'aie pas peur , dit-il au petit garçon, tu es un aimable enfant : puisque tu as pensé à Dieu, prends autant de pommes que tu voudras et que tu pourras manger, et retiens toute la vie ces paroles :

Bien que seul et sans témoins,
A fuir le mal mets tes soins.

17. Sentiment de probité dans un enfant de sept ans.

Un bon villageois, nommé Jacques, devant quelque argent à un de ses voisins, lui offrit en payement ses poules, qui furent acceptées.

Les poules furent donc portées chez le voisin. Mais, comme elles n'étaient point renfermées, le lendemain, lorsqu'elles voulurent pondre, elles retournèrent chez Jacques déposer leurs œufs dans leur ancien poulailler.

Le fils de Jacques, nommé Philippe, petit garçon âgé de sept ans au plus, était alors tout seul à la maison. Entendant glousser ses poules chéries, il courut tout de suite au poulailler, fureta dans la paille et trouva les œufs. « Ha ! ha ! se dit-il à lui-même, voilà de bons œufs frais, que j'aime tant ! Ma mère sera bien aise de les trouver à son retour ; elle les fera cuire, et nous les mangerons. Cependant, reprit-il un instant après, pouvons-nous bien retenir ces œufs ? n'appartiennent-ils point au voisin, comme nos pauvres poules ? J'appris l'autre jour à l'école que l'on doit rendre une chose que l'on trouve à celui à qui elle appartient, dès qu'on le connaît. Allons, allons, je n'attendrai pas que mes parents reviennent, je vais porter les œufs à leur maître. » En effet, il courut aussitôt frapper à la porte du voisin : « Tenez, lui dit-il en entrant, je vous apporte les œufs que vos poules viennent de pondre dans notre poulailler. — Et qui t'envoie ici? lui demanda le voisin. — Personne. — Quoi! tu m'apportes ces œufs sans que personne te l'ait commandé? — Vraiment oui; mon père et ma mère ne sont point à la maison; je fais ce qu'ils m'auraient dit de faire, sans doute. — Et d'où vient que tu n'as pas attendu leur retour? — C'est qu'ils ne reviendront qu'à midi; et d'ici là, ne voyant pas rapporter les œufs, vous auriez peut-être pensé du mal de mes parents et de moi. »

---

18. Le jeune manœuvre

Un fermier des environs de Toulouse avait mis au fond d'un panier soigneusement recouvert de paille un sac de mille francs, et le portait à dos de cheval à son propriétaire : c'était le prix de son fermage, amassé à grand'peine dans cette année, mauvaise pour le pays.

Chemin faisant, le panier se défonça, et le sac tomba sur la grande route ; à son arrivée seulement, le fermier s'aperçoit de cette perte : rien ne peut peindre le désespoir de cet homme ruiné. Il retourne chez lui et raconte son malheur, que l'on croit déjà sans remède.

Un jeune journalier d'environ dix-huit ans, nommé Leprieu, se rendait à son travail par le même chemin : il trouve le sac, le ramasse avec l'étonnement d'un homme qui n'a jamais vu un pareil trésor, l'enveloppe soigneusement et arrive à son chantier, où il a la prudence de ne pas parler de sa trouvaille.

Les grandes nouvelles vont vite : c'était, pour une commune qui n'est pas très riche, un événement important que le malheur arrivé au fermier, et bientôt les compagnons de travail de Leprieu en sont instruits et en causent entre eux. Le jeune homme connaît alors d'une manière certaine quel est le légitime propriétaire du trésor trouvé ; il s'empresse de revenir au village, chargé de son fardeau, et il rend au pauvre fermier sa fortune et la vie.

Toute la fortune de cet honnête jeune homme consiste dans les quatre-vingt-dix centimes qu'il gagne par jour.

19. De la médisance.

Si la loi de Dieu nous fait un devoir sacré de respecter le bien d'autrui, nous devons aussi respecter avec le même soin la réputation de nos semblables. Trop souvent, hélas ! une parole inconsidérée fait un tort qu'on ne peut réparer, même en rétractant la parole qu'on a imprudemment laissée échapper. Il reste toujours un certain doute dans l'esprit de ceux qui ont entendu mal parler dè quelqu'un, et cela suffit, sinon pour détruire, du moins pour amoindrir la réputation d'une personne innocente. On guérit souvent d'un coup d'épée, rarement d'un coup de langue. Aussi nous ne saurions mettre trop de prudence et de réserve dans les conversations qui ont pour objet notre prochain.

Lors donc qu'on vous interroge sur la conduite d'un de vos camarades ou d'une personne que vous connaissez, dites loyalement, franchement, tout le bien que vous en savez. Mais si l'on vous parle des défauts des autres, usez de la plus grande retenue dans vos assertions à cet égard. Ne dites jamais le mal que vous savez et qui est ignoré ; ce serait faire du tort pour le seul plaisir de le faire, et il faut se tenir bien en garde contre le penchant qui vous porte trop souvent à la médisance.

Ne portez donc jamais atteinte à la réputation de vos semblables : une bonne réputation est un bien auquel on attache plus de prix qu'aux richesses. Avant de parler, réfléchissez aux malheurs qui peuvent résulter d'une parole méchante jetée inconsidérément. Soyez indulgents pour les fautes d'autrui, ne soyez sévères que pour vous-mêmes.

---

20. Alfred ou le médisant.

Alfred avait contracté l'habitude funeste de rapporter publiquement tout ce qu'il croyait remarquer de mauvais dans les autres. L'inexpérience de son âge lui faisait souvent interpréter d'une manière fâcheuse les actions les plus innocentes. Un seul mot, une apparence légère lui suffisait pour former d'injustes soupçons ; et à peine étaient-ils dans son esprit qu'il courait les répandre comme des faits avérés.

Vous pouvez vous faire une idée du mal que produisirent les récits indiscrets et médisants d'Alfred. D'abord toutes les familles de son quartier furent brouillées ensemble ; la division se répandit ensuite dans chacune d'elles en particulier : les frères et les sœurs, les maîtres et les domestiques étaient dans un état de guerre continuel. La confiance était soudain bannie des sociétés au milieu desquelles paraissait Alfred ; on n'osait plus se permettre devant lui le moindre épanchement.

Alfred vint un jour voir son ami Charles et se mit à lui raconter des histoires malignes sur diverses personnes de sa connaissance, et lui demanda s'il n'avait pas aussi quelque récit plaisant à lui faire.

« Mon cher Alfred, lui dit Charles en prenant un air grave et triste, lorsque je vois mes amis, je me livre tout entier au plaisir de leur société, sans perdre ma joie à remarquer leurs défauts. J'en reconnais d'ailleurs un si grand nombre en moi-même, que je n'ai guère le temps de m'occuper de ceux des autres. Comme j'ai besoin de leur indulgence, je leur accorde toute la mienne. J'aime mieux fixer toute mon attention sur leurs bonnes qualités, afin de tâcher de les acquérir. Ta manière d'agir doit me faire supposer que tu n'as rien à corriger en toi-même, et je te félicite de cet état de perfection. Continue ces nobles fonctions d'un censeur charitable qui veut rappeler le genre humain à la vertu en lui montrant la laideur du vice. Tu ne peux manquer de recueillir une bienveillance universelle pour des travaux si glorieux. »

Alfred comprit la leçon sévère qu'il venait de recevoir. Se voyant devenu l'objet de la haine publique, il fit un sage retour sur lui-même et se corrigea de ses défauts.

PENSÉES ET MAXIMES

1. — Le premier devoir est de ne pas faire de mal aux autres; le second est de leur faire du bien.

2. — Vous aimerez votre prochain comme vous-même.

3. — Aimez vos ennemis, faites du bien à ceux qui vous haïssent, et priez pour ceux qui vous persécutent et vous calomnient.

4. — Remettez à votre prochain l'offense qu'il vous a faite, et alors, à votre prière, vos péchés vous seront remis.

5. — La charité vaut à elle seule toutes les autres vertus.

6. — La charité procède d'un cœur pur, d'une bonne conscience et d'une foi sincère.

7. — La véritable gloire consiste dans la vertu.

8. — La vertu n'a pas deux sources : elle vient de la religion et ne peut venir que d'elle.

9. — Le sage ne parle pas de la vertu à tout propos : il la pratique.

10. — Nos bonnes œuvres ne périssent pas : ce sont des semences pour l'éternité.

11. — Rien ne rafraîchit le sang comme de faire une bonne action.

12. — Qui donne aux pauvres donne à Dieu.

13. — Faites l'aumône aux bons pour qu'ils persévèrent, et aux méchants pour qu'ils deviennent meilleurs.

14. — En faisant du bien aux autres on s'en fait à soi-même.

15. — Les bonnes œuvres sont les plus précieuses richesses des hommes.

16. — Partagez votre pain avec celui qui a faim, et accueillez sous votre toit les indigents qui n'ont point d'asile.

17. — Les pauvres et les riches ne peuvent se passer les uns des autres.

18. — L'argent des riches est dû aux pauvres, et le travail des pauvres est dû aux riches.

19. — Le bonheur de soulager les infortunes est le plus grand qu'on puisse goûter dans la vie.

20. — Mon fils, ne privez pas le pauvre de son aumône, et ne détournez pas les yeux de lui.

21. — La véritable manière de secourir le pauvre est de le mettre en état de se passer de secours.

22. — Respectons le bien d'autrui jusque dans les moindres choses.

23. — Une bonne réputation est un second patrimoine.

24. — L'homme véritablement juste sait dire du bien de ceux mêmes qui disent du mal de sa personne ; pour lui, la charité est un devoir auquel il ne manque jamais.

25. — Moins on a de défauts, moins on est porté à remarquer ceux des autres.

26. — Mets la main sur ta conscience, et tu te tairas sur celle d'autrui.

27. — Celui qui garde sa langue gardera son âme; mais celui qui est indiscret tombera dans beaucoup de maux.

28. — Quand tu es seul, songe à tes défauts; quand tu es en compagnie, oublie ceux des autres.

29. — Voulez-vous qu'on pense et qu'on dise du bien de vous, ne dites jamais du mal de personne.

30. — Le secret d'autrui n'est pas plus à vous que son bien, sa réputation et sa vie.

31. — Levez-vous devant ceux qui ont les cheveux blancs; honorez la personne du vieillard.

32. — O toi qui peux jouir d'un doux sommeil, pense à ceux que la douleur empêche de dormir! O toi qui marches lentement, aie pitié de ton compagnon qui ne peut te suivre! O toi qui es opulent, songe à celui que la misère accable!

DEVOIRS ENVERS NOUS-MÊMES

1. Travailler à notre perfectionnement moral

Le premier devoir que nous avons à remplir envers nous-mêmes, mes bons amis, c'est de préserver notre âme des passions qui la dégradent, comme l'orgueil, l'envie, la colère, la haine, la vengeance ; à l'orner des vertus qui l'ennoblissent, comme la patience, la résignation, le courage ; à l'éclairer par l'étude ; à la purifier par l'examen de soi-même et les bonnes résolutions ; enfin, la rendre digne de Dieu, son auteur, en écoutant la voix de la conscience et la prenant pour conseil et pour guide dans toutes les occasions de la vie.

Nous devons cultiver notre esprit par l'étude et surtout par la lecture des livres saints ; nous nous rendrons par là plus propres à honorer Dieu, notre patrie, nos parents, nos amis. Ceux qui ont entre les mains les moyens de s'instruire, et qui n'en profitent pas, se rendent bien coupables. Car, si Dieu nous a donné

l'intelligence, s'il nous a placés dans des conditions où elle puisse se développer avec fruit,
quels reproches ne mériterions-nous pas pour
avoir méprisé ces dons du Créateur ?

Le savoir n'est condamnable que lorsqu'il
mène à l'orgueil. Joint à la modestie, il porte
l'âme à louer Dieu et à aimer le prochain.
Ainsi, tout en témoignant à Dieu notre reconnaissance pour les dons que nous en avons reçus, gardons-nous bien de tirer vanité de notre
esprit, de notre mémoire ou de nos autres
facultés : nous ne les possédons que pour en
faire un bon usage ; nous devons les respecter
en nous comme des grâces que Dieu nous a
accordées, les développer autant que possible
par l'étude, afin qu'elles servent à notre per-
fectionnement moral, parce que tel est le but
dans lequel notre divin Maître nous en a fait
don.

Le second devoir envers nous-mêmes se
rapporte à notre corps : nous devons le tenir
propre et le fortifier par des exercices utiles à
l'entretien de la santé.

Nous devons également tenir dans un état
de propreté nos vêtements, nos habitations et
tous les objets qui servent à notre usage.

2. L'enfant laborieux.

Le petit Jules, enfant très réfléchi, donnait chaque matin, en se réveillant, sa première pensée à Dieu, la seconde aux devoirs qui lui étaient imposés pour la journée. Il examinait ensuite l'emploi qu'il avait fait de son temps la veille ; il revenait avec soin sur son travail, repassait dans sa mémoire les conseils qu'il avait reçus de ses maîtres, relativement à sa conduite ou à ses études, prenait la ferme résolution de s'y conformer et parvenait à la tenir. Egalement réglé dans ses travaux et dans ses plaisirs, il disait toujours : « Voilà ce qu'on m'a ordonné, conseillé, permis. » Il ne s'écartait jamais de ses devoirs : aussi avait-il toujours l'esprit gai, le cœur content et tranquille.

X.

3. Amour de l'étude.

Un écolier studieux devient presque toujours un homme distingué et recommandable. En suivant un enfant dans ses études, on peut présager, par son application, s'il sera un jour

13*

l'appui de ses parents, l'honneur de sa famille, et quelquefois la gloire de son pays. Nous pouvons citer mille exemples à l'appui de ce qui précède ; mais nous nous arrêterons à celui-ci :

Un petit garçon, dont les parents étaient très pauvres, avait un vif désir de devenir savant, et rêvait jour et nuit au moyen d'acquérir de la science. Il parvint enfin à être externe dans un collége, et ses maîtres furent bientôt très contents de lui. Tous les matins il s'y rendait, ses cahiers sous le bras et portant à la main un panier qui contenait un morceau de pain, sa seule nourriture. — Au lieu de jouer pendant les récréations, il se mettait à l'écart, préparait et étudiait ses leçons. Le froid, la pluie, qui pénétrait quelquefois jusqu'à lui, rien n'affaiblissait son courage et son zèle. Un professeur, touché de sa conduite, s'intéressa vivement à lui, et obtint la faveur de le faire instruire gratuitement. L'écolier redoubla d'efforts pour acquérir des connaissances et ne tarda pas à se faire une réputation méritée. — Cet enfant devint le savant Lagrange, à qui nous devons plusieurs ouvrages de mathématiques. Il mourut comblé d'honneurs et de gloire.

4. Le bon écolier.

Le bon écolier étudie ses leçons avec soin. Il les récite sans se tromper. Il travaille assidûment pendant les heures d'étude : jamais il ne babille ; jamais il ne se dérange. Que la porte s'ouvre ou se ferme, que lui importe ? Il ne lèvera pas les yeux, il ne tournera pas la tête. Si parfois il a mérité un léger reproche, il écoute les remontrances avec soumission. Pendant les récréations il ne se promène pas comme un philosophe : il faut qu'il joue, qu'il s'amuse, qu'il profite du temps qui lui est accordé pour se reposer du travail. Aussi, quand a sonné l'heure qui le rappelle à la salle d'étude, regardez comme il y retourne gaîment. Le travail lui semblera d'autant plus doux que tout-à-l'heure il se livrait au jeu avec plus d'ardeur. Ne pensez pas qu'un tel écolier ne soit pas aimé de ses camarades. Chacun le loue, le vante, l'estime, l'admire. Ses condisciples partagent ses joies, triomphent de ses victoires. Remporte-t-il des prix ? ceux mêmes qui lui disputèrent les premières places avec le plus d'acharnement s'empressent d'acclamer ses succès, et lui jettent leurs propres couron- nes. Parlerai-je de sa mère? A cette vue, elle pleure de joie, serre son fils entre ses bras, re- mercie Dieu et le prie de lui conserver son en- fant pour qu'un jour il la console de ses peines, et qu'il soit l'ornement de sa vieillesse, comme il le fut de sa vie entière.

GUÉRARD.

---

5. L'enfant propre et rangé.

Charles était fils de parents pauvres, mais soigneux et honnêtes; ils demeuraient dans un petit logement que sa mère tenait fort propre- ment. On n'y voyait rien traîner; les meubles et le plancher n'étaient jamais couverts de poussière. Tous les matins sa mère ouvrait les fenêtres pour renouveler l'air, faisait les lits et nettoyait tout. Comment Charles aurait-il pu ne pas être un enfant propre et rangé, auprès d'une mère qui lui donnait un si bon exemple! Aussi, ne se serait-il jamais décidé à aller à l'école sans s'être peigné, lavé les mains, le visage et les oreilles; il n'aurait jamais voulu mettre des souliers crottés, ni essuyer avec ses habits ses mains salies par de l'encre, comme le font tant d'enfants malpropres. Il ne jetait jamais son chapeau ou sa casquette sous la table ; en prenant de l'encre, il prenait bien garde de ne pas se salir ; il avait grand soin de son mouchoir et ne le perdait jamais. Les enfants malpropres sont négligents, n'ont aucun soin de leurs mouchoirs et les perdent. Charles était donc la joie de ses parents et de ses maîtres.

---

6. L'enfant turbulent

A quatre ans, le petit Jacques était déjà très éveillé, courait par toute la maison, chantait, jouait avec les navettes, tournait les bobines, brouillait les écheveaux et dansait comme un pantin. Son père, tisserand de son métier, l'aimait beaucoup et s'amusait de sa gentillesse. Mais à l'âge de dix ans, le petit Jacques, vif et léger comme un écureuil, voulut imiter les tours d'un singe qui avait passé par le village avec des bateleurs ; et, profitant du moment où il était seul à la maison, il mit une chaise sur une table, grimpa le plus haut qu'il put, et commença ses exercices. La chaise glissa ; le dos du pauvre Jacques alla donner contre la table, et il demeura étendu de son long sans connaissance. On le mit au lit, on lui prodigua tous les soins possibles, et au bout de quelques jours on le crut guéri ; mais les suites de cet accident furent une énorme bosse qu'il conserva toute sa vie. Dans les premiers temps elle était peu considérable ; elle augmenta toujours jusqu'à l'âge de quatorze ans, ce qui nuisit beaucoup à la croissance et au développement des forces du pauvre Jacques, dont la taille n'excéda jamais quatre pieds.

Rouveroy.

---

7. Un malheur causé par la désobéissance

Ne jetez jamais de pierres, mes enfants ; car vous pourriez blesser quelqu'un, et vous déploreriez trop tard votre légèreté. Ecoutez une triste histoire à ce sujet :

Etienne savait fort bien lire et écrire. On dit même qu'il était poli et un des enfants les plus studieux de l'école. Mais, par malheur, il avait contracté la dangereuse habitude de jeter des pierres. Il avait une sœur fort gentille, qu'il aimait tendrement. Cette sœur lui disait souvent : « Mon ami, je t'en prie, ne jette plus de pierres, car il pourrait t'arriver un grand malheur. »

Etienne, qui avait promis de se corriger, sortit un jour avec ses parents. Pendant ce temps sa sœur se promenait dans le jardin qui touchait à la maison. Etienne, en rentrant, avait oublié sa promesse : il lança une pierre dans le jardin, et creva un œil à sa pauvre sœur.

Mes enfants, que cette triste histoire vous serve d'avertissement. Ne jetez jamais de pierres où se trouvent des personnes, pour qu'il ne vous arrive pas un malheur semblable.

---

8. Du travail

Le travail est le premier bien de l'homme et la source de son bonheur ; c'est une heureuse nécessité à laquelle le Père des hommes a sagement assujéti ses enfants ; et malheur à celui pour qui le travail ne serait pas un besoin !

Non seulement le travail nous procure tous

les objets nécessaires à la vie, mais il tient encore notre âme dans une activité précieuse qui chasse l'ennui en détruisant les désirs de mal faire.

L'homme laborieux ne songe pas seulement à l'instant présent, il amasse encore pour l'avenir les objets de ses besoins, calcule l'instant où il ne pourra plus se livrer au travail avec la même activité, prévoit les maladies et les infirmités de l'âge avancé; et, par cette sage prévoyance, il parcourt la carrière de la vie avec tranquillité sans se tourmenter des événements qui souvent viennent la troubler.

L'homme paresseux végète dans la misère, aux prises sans cesse avec le besoin, dépensant aujourd'hui ce qui lui sera nécessaire pour le lendemain, semblable à ces Indiens qui vendent le matin le lit dont ils auront besoin le soir.

La paresse produit l'envie, l'envie la jalousie, qui conduit souvent au crime.

C'est le travail qui fait la prospérité des nations comme le bonheur des individus. Un peuple est d'autant plus civilisé et plus heureux qu'il est plus laborieux.

Mais il ne suffit pas d'aimer le travail et même de beaucoup travailler, il faut encore que ce travail soit bien suivi et bien dirigé; sans ce choix on s'épuise en vains efforts et l'on ne fait rien pour le bonheur.   X.

---

9. Amyot

La plupart des hommes célèbres que la France a produits n'ont dû leur fortune et leur illustration qu'à leur travail, et à leur courage à lutter contre l'adversité. C'est ainsi qu'Amyot, qui vivait il y a environ trois cents ans, s'éleva d'une condition obscure et misérable à un rang éminent dans les lettres et dans l'Etat.

Jacques Amyot naquit à Melun le 30 octobre 1513. Son père était, selon quelques historiens, un mercier, selon d'autres un pauvre corroyeur qui avait bien de la peine à subvenir aux besoins de sa famille; aussi le petit Amyot fut-il d'abord bien malheureux. Venu à Paris pour y faire ses études, il fut en quelque sorte abandonné par ses parents, qui, hors d'état de pourvoir à son entretien, lui envoyaient seulement un pain chaque semaine. Le dénûment

14

dans lequel se trouvait le pauvre enfant était tel, que, pour se procurer quelques ressources, il était obligé de servir de domestique à d'autres écoliers du collége où il étudiait. Au milieu de tant de difficultés, son amour ardent pour la science soutenait son courage, et la nuit, manquant d'huile et de chandelle, il travaillait à la lueur de quelques charbons embrasés. Une si louable persévérance ne pouvait demeurer sans résultat. Amyot, après avoir terminé tous ses cours sous les professeurs les plus ronommés, et après avoir acquis les grades universitaires, fit d'abord l'éducation d'enfants appartenant à des familles puissantes. Il obtint ensuite dans l'Université une chaire de grec et de latin, qu'il occupa environ douze ans. Le talent dont il fit preuve dans ce poste, par la supériorité de son enseignement et par le mérite de ses traductions d'ouvrages anciens, accrut sa réputation au point qu'Henri II, roi de France, le choisit pour précepteur des princes ses fils, qui furent plus tard Charles IX et Henri III. Charles IX, assis sur le trône, n'oublia pas son précepteur : il le nomma son grand aumônier le lendemain même de son avènement et l'appela ensuite à l'évêché d'Auxerre. Ce fut là qu'Amyot, parvenu aux plus hautes dignités de l'Eglise, passa les dernières années de sa vie, livré tout entier à l'étude des lettres et à l'exercice des devoirs de la religion. Il mourut paisiblement à l'âge de quatre-vingts ans. Les ouvrages qu'il a laissés, et entr'autres la traduction des Vies des hommes illustres de Plutarque, passent à juste titre pour des chefs-d'œuvre. De tels exemples de la puissance du travail offrent à la jeunesse laborieuse de hauts encouragements. Le plus sûr moyen d'améliorer sa condition est de travailler sans relâche à s'instruire.

L'instruction est la plus solide des richesses.

MEURAND.

---

10. De la paresse

La paresse est une lâcheté et un dégoût volontaire du travail qui fait que l'on néglige ses devoirs plutôt que de se faire violence. Il n'y a point de désordres auxquels la paresse ne conduise, parce qu'elle met l'âme dans un état d'engourdissement et de faiblesse qui l'empêche de résister à ses mauvaises inclinations : on l'appelle généralement la mère de tous les vices. Il suffit qu'on y réfléchisse un instant pour convenir qu'elle mérite bien ce nom.

Un paresseux passe les jours, les mois, les années à ne rien faire ou dans des amusements frivoles. Il perd son temps et ne s'acquitte d'aucun des devoirs de son état. Un jeune homme ne profite pas de l'éducation qu'on lui donne ; il ne fait rien de ce qu'on lui prescrit, ou bien il le fait mal, sans attention, sans application ; il en résulte que son esprit n'est pas cultivé, que sa mémoire n'est pas exercée, et qu'il sort de l'école presque aussi ignorant qu'il y était entré. Plus tard, s'il arrive qu'on lui donne un emploi, il n'est pas en état d'en remplir les fonctions ; il s'en acquitte mal ; son ignorance perce, son incapacité est reconnue. Que de regrets alors d'avoir perdu le temps de la jeunesse ! regrets inutiles : il est trop tard, cette perte est irréparable.   X.

---

11. Le paresseux

Un enfant était la seule espérance de sa mère,

veuve d'un pauvre soldat. Elle avait sacrifié
tout ce qui lui restait afin qu'il reçût une bonne
éducation et pût prendre un état qui le mît à
portée de l'aider elle-même dans sa vieillesse ;
mais il n'en profita pas. Le matin il fallait l'appeler pendant une heure avant qu'il se réveil-
lât. A l'école, il était sans cesse puni pour sa
négligence et son inattention ; au lieu d'écouter ses maîtres ou de s'occuper de ses devoirs,
il causait ou s'occupait de choses étrangères
aux leçons. Dieu, qui a pitié des infortunés et
qui est trop bon et trop juste pour punir une
mère des fautes de son enfant, fit descendre sa
bénédiction sur la pauvre veuve, qui fut placée
dans une maison de charité, et mourut entourée d'êtres compatissants, tandis que son fils,
pour lequel elle ne pouvait qu'adresser des
prières au Ciel, traîna toujours une vie misérable, demandant l'aumône de porte en porte,
parce qu'il ne savait et ne voulait rien faire.

X.

12. L'écolier ingrat

Jérôme allait à l'école, mais il ne faisait

nulle attention aux paroles du maître, et ses parents ne tenaient pas à ce qu'il fût assidu aux leçons. L'instituteur, qui était un homme consciencieux, lui reprochait souvent sa négligence, mais Jérôme ne l'écoutait point et continuait son ancien train de vie. Aussi, au bout de quatre ans, le voyait-on encore dans les classes inférieures, ce qui n'empêcha pas son père de le garder à la maison, sous prétexte que son fils savait assez pour le métier qu'il allait apprendre. L'instituteur eut beau remontrer que Jérôme ne serait jamais en état de tenir un journal et d'écrire une note, il quitta l'école et apprit le métier de son père. Ce dernier étant mort, Jérôme devint chef d'atelier et ne tarda pas à s'apercevoir que le manque d'ordre dans ses affaires provenait de son ignorance. Il s'en plaignit souvent à ses amis ; mais, au lieu de convenir de ses torts, il aima mieux accuser son ancien maître de l'avoir complétement négligé. Heureusement pour l'instituteur, tout le monde savait à quoi s'en tenir sous ce rapport.

MOEDER.

13. De la franchise

La franchise est une vertu qui consiste à ne jamais dire le contraire de ce qu'on pense. C'est une qualité si noble, si belle, que tout le monde l'admire ; et l'homme qui ne se trouverait pas déshonoré par des vices honteux se croirait avili par le nom de menteur.

Mes amis, soyez vrais, simples et francs, mais francs sans brusquerie ; il est absurde de croire qu'une vertu peut donner le droit d'avoir un défaut insupportable dans la société. — Soyez sincères, mais polis et prudents : la prudence n'exclut pas la franchise, mais elle commande la discrétion.

Sachez garder un secret simplement, sans airs mystérieux ; le secret qu'on vous a confié est un dépôt sacré : le trahir, c'est manquer à l'honneur.

Les enfants simples et francs savent se taire ; ils ne cherchent jamais à tromper ; ils n'ont pas le désir d'attirer l'attention. Ils ne parlent pas au hasard, disant tout ce qu'ils savent et souvent ce qu'ils ne savent pas. Ils attendent qu'on les interroge et répondent avec modestie, avec convenance, toujours avec mesure.

J'ai vu de jeunes garçons prenant leurs indiscrétions pour de la franchise; ils ressemblaient à ce petit enfant qui disait à une dame : « Madame, pourquoi avez-vous le nez si gros et si rouge? »

---

14. Amour de la vérité

Le père du célèbre Washington attachait à la véracité de son fils une importance extrême. Un jour le jeune Washington, qui n'avait que six ans, enleva, à l'aide d'une petite hache, l'écorce d'un cerisier d'une espèce très rare, auquel son père attachait un grand prix. Le lendemain celui-ci, à la vue d'un mal aussi irréparable, manifesta beaucoup de chagrin : « Je donnerai cinq guinées, ajouta-il, pour connaître le coupable. » — C'est moi, papa, dit son fils après quelque hésitation; c'est moi qui ai coupé l'écorce avec ma hache. — Embrassez-moi, mon enfant, s'écria aussitôt le père; votre franchise a plus de valeur à mes yeux que n'en pourraient avoir mille cerisiers.

---

45. Le petit garçon sincère

Le petit Achille venait de briser un carreau de fenêtre, et sa première pensée avait été d'en faire disparaître les morceaux. Mais cet enfant a horreur du mensonge ; car il sait que Dieu voit tout, et que, s'il parvenait à tromper sa mère, il ne pourrait pas tromper cet œil qui voit dans l'obscurité et à travers les murs.

Le petit Achille, tout troublé de cet accident, resta donc triste et immobile, en attendant sa punition. Sa mère entra et le vit pleurer : « Qu'as-tu, mon fils, lui dit-elle d'un air inquiet, et pourquoi ces larmes ? » — J'ai fait une étourderie, répondit l'enfant. En jouant près de la fenêtre, j'ai lancé ma pelote trop fort, et elle est allée briser ce carreau. Je ne veux pas vous nier cette action blâmable, car je sais qu'un mensonge serait pire que ma faute. J'aime mieux vous l'avouer franchement, en vous priant, chère maman, de me la pardonner.

La bonne mère fut touchée de cet aveu sincère, et serrant son fils dans ses bras : « Viens, mon enfant, lui dit-elle, je ne te ferai pas de reproche ; car, au lieu d'avoir eu recours à un vil mensonge, tu as avoué sincèrement ta faute. Celui qui dit la vérité mérite qu'on oublie son tort, mais celui qui ment n'est pas digne qu'on lui pardonne. »

---

16. Le menteur

Henri fut envoyé par son père à la poste, pour y déposer une lettre de la plus haute importance. Chemin faisant, il rencontra Marcelin et quelques autres garçons, qui se mirent à l'insulter. Henri, qui était d'une humeur vive et irascible, se battit avec Marcelin, et, au plus fort de la lutte, il laissa tomber la lettre, marcha dessus, la déchira et effaça l'adresse. Cet accident le mit dans un cruel embarras, car son père était d'une sévérité excessive. Il crut se tirer d'affaire en lui disant qu'il avait fait sa commission. Mais voici que, dix jours plus tard, la réponse à la lettre n'arrivant pas, le père d'Henri alla lui-même à la poste pour s'informer si en effet la lettre était partie. On lui prouva par les registres que la lettre en question n'avait pas été déposée à la poste. Dès lors Henri dut avouer ce qu'était devenue la lettre, et sa douleur fut bien grande quand il apprit que, par son mensonge, il avait causé une perte sensible à son père. Il promit de ne plus jamais mentir, quoi qu'il pût lui en coûter. Il tint parole, mais il se passa du temps avant qu'il eût regagné la confiance de son père.

MOEDER.

---

17. Il ne faut pas maltraiter les animaux

J'ai toujours remarqué, mes bons amis, que les enfants qui maltraitent les animaux ont un mauvais cœur. Dès leur âge le plus tendre, ils se font un malin plaisir de tourmenter les chiens, les chats et les poules ; ils enlèvent les petits oiseaux de leur nid, sous les yeux de leur mère, qui vole autour d'eux en leur redemandant à grands cris sa chère couvée. Ces enfants ne comprennent pas combien il serait douloureux pour leur mère si un méchant venait les ravir eux-mêmes à son amour et à sa tendresse. Presque tous les grands malfaiteurs ont commencé par ces jeux barbares envers des créatures plus faibles qu'eux.

Je crains bien que de pareils enfants ne deviennent un jour des hommes impies, dépravés, cruels envers leurs semblables, sourds à la voix de leur père, insensibles aux larmes de leur mère et traîtres à leur pays.

Pour nous, mes bons amis, qui craignons un sort si funeste, et qui voulons mériter l'estime des honnêtes gens, soyons humains et compatissants envers toutes les créatures, charitables envers nos semblables, reconnaissants envers nos parents, respectueux envers nos maîtres, les magistrats et les vieillards, compatissants et généreux envers tous les hommes.

---

18. Le cheval aveugle

Les soins et les bons traitements rendent les animaux doux, reconnaissants, et doublent même leur intelligence. L'Arabe ne parle jamais à son cheval qu'avec des expressions d'amitié. Aussi a-t-on vu souvent celui-ci se sacrifier pour son maître. J'assistai un jour à une petite scène dont je fus touché jusqu'aux larmes. Je voyageais en Bretagne, pays pauvre, où l'on rencontre bien des landes arides et des champs sans culture. C'était au mois de juin, il faisait une chaleur étouffante. Je montais un chemin difficile ; une petite charette chargée d'ardoises cheminait à côté de moi.

Je m'aperçus bientôt que le conducteur, pauvre vieillard tout déguenillé, tirait autant que le cheval. « Mon ami, lui dis-je, vous vous fatiguez beaucoup. » « — Oh ! monsieur, ça ne fait rien : je soulage mon pauvre cheval, qui est aveugle ; c'est mon seul ami et toute ma fortune. » En parlant nous étions arrivés au haut de la montagne. La voiture s'arrêta ; le vieillard se mit à essuyer avec de la fougère la sueur qui coulait sur son cheval, et l'animal reconnaissant frottait doucement sa tête sur la figure de son maître. Ce triste paysage, ce pauvre homme, ce cheval aveugle, cette misère, tout se trouva embelli par cette amitié touchante. Je donnai la moitié de ma petite bourse au bonhomme, qui ne comprenait pas pourquoi j'étais ému. Il y a longtemps de cela, eh bien ! souvent je pense encore à la montagne aride, à la petite charette, au cheval aveugle et au vieux paysan breton.

P. L.

15

19. Le nid de merle

Je me souviens, dit un ancien élève, qu'un jour, dans mon enfance, étant à la promenade avec les pensionnaires du collége de Cluny, nous entrâmes tous dans un bois pour y chercher des nids d'oiseaux. On se sépara, et je cherchai de mon côté avec ardeur, car jamais je n'avais encore déniché un seul œuf ou un seul petit, et mes camarades se moquaient de ma maladresse. Après avoir battu le taillis pendant plus d'une heure, tout-à-coup, sur la branche d'un petit chêne à un mètre de terre, j'aperçois un beau nid de merle. Tout tremblant d'émotion, j'approche sans bruit, le cou et la main tendus en avant ; la mère me voit, m'attend, et ne s'envole du nid que lorque je touche déjà à l'arbre. Il y avait trois œufs, et je m'apprêtais à les prendre ; mais, en me retournant, je découvre la mère qui s'était perchée à peu de distance ; il me sembla qu'elle me suppliait en me regardant : mon cœur se serra pendant ces incertitudes. Le signal du départ se fit ententre à l'entrée du bois ; je pris une ferme résolution, et m'éloignai les mains vides, en disant à la mère, comme s'il lui eût été possible de m'entendre : « Reviens, reviens, je t'ai laissé tes œufs ; tu retrouveras ta couvée. » Mes camarades avaient presque tous des nids et des oiseaux, et ils se moquaient de moi suivant leur habitude ; ils répétaient : « Oh ! nous savions bien qu'il ne trouverait rien. » Une mauvaise honte m'empêcha d'avouer le mouvement de compassion qui m'avait saisi ; mais j'étais content de moi, et je ne racontai mon aventure qu'à ma bonne mère, qui m'embrassa en pleurant de joie.

---

20. Le petit garçon et le cygne

J'ai connu un petit garçon, nommé Jules, qui, à l'âge de dix ans, se croyait déjà un homme ; il ne voulait rien écouter de ce qu'on lui disait. Un jour qu'on l'avait mené visiter un grand parc où il devait s'amuser toute la journée, il vit, en passant devant une pièce d'eau, un cygne magnifique qui nageait majestueusement autour du bassin. Le premier mouvement de Jules fut de ramasser une pierre pour la lancer à l'oiseau, qui pourtant ne lui faisait aucun mal ; mais son père, qui l'accompagnait, le retint et lui reprocha l'acte de méchanceté qu'il avait voulu commettre. Il lui défendit, en outre, de revenir auprès du bassin, et lui recommanda formellement de s'abstenir à jamais de tourmenter les animaux.

Jules ne tint pas compte des paroles de son père, et, ayant trouvé dans la journée une occasion d'échapper à sa surveillance, il n'eut rien de plus pressé que de courir à la pièce d'eau et de lancer de grosses pierres au cygne, dont la tranquille démarche semblait le rassurer. Mais notre petit garçon fut puni, comme il le méritait, de sa désobéissance : car le cygne, irrité, s'avança bientôt vers l'ennemi qui l'attaquait ainsi, sortit du bassin, atteignit Jules avant qu'il eût pu faire quatre pas pour s'enfuir, et commença à le maltraiter rudement avec ses fortes ailes. Jules eut le visage et les bras tout meurtris, et il aurait même souffert davantage, si un jardinier qui passait en ce moment n'eût entendu ses cris et ne fût accouru à son secours.

Jules fut malade pendant plusieurs jours sans pouvoir sortir, ni s'amuser en aucune façon. Mais la leçon lui a profité, et il est devenu depuis plus obéissant et moins cruel envers les animaux.

---

24. De la gourmandise

Mes chers enfants, il est un vice contre lequel vous ne sauriez trop vous mettre en garde, à cause des maux qu'il entraîne à sa suite, je veux parler de la gourmandise. La gourmandise est un amour déréglé du boire et du manger.

Elle consiste à manger et à boire avec excès, sans besoin, à toute heure, au-delà du nécessaire. Je ne parle pas de la délicatesse qui s'attache aux mets trop exquis, aux vins et liqueurs recherchés. Cette délicatesse peut être le partage de la richesse ; elle n'est pas à craindre dans la condition modeste où la Providence vous a placés ; mais je ne puis assez vous dire que notre estomac ne peut, sans de graves dangers, recevoir qu'une certaine quantité de nourriture, et à des heures réglées. Les aliments ne vous sont pas donnés pour flatter votre goût, mais pour entretenir vos forces et vous mettre à même de remplir les devoirs de votre état. La lecture de l'exemple suivant vous fera apprécier tous les inconvénients de ce triste défaut.

---

22. Le petit gourmand

Il y avait dans un collége un enfant de votre âge, qui s'appelait Henri. Cet enfant était un fort joli petit garçon, et il aimait ses livres plus encore que ses joujoux. Il fut un jour le premier de sa classe. Sa maman en fut instruite. Elle y rêva toute la nuit de plaisir, et le lendemain, s'étant levée de bonne heure, elle appela sa cuisinière et lui dit : Marianne, il faut faire un gâteau pour Henri, puisqu'il a si bien récité ses leçons. Marianne répondit : Oui, Madame, de tout mon cœur. Et aussitôt elle se mit à pétrir un gâteau de fleur de farine choisie. Il était fort grand, grand comme tout mon chapeau rabattu. Marianne l'avait rempli d'amandes, de pistaches, de fleurs d'oranger, de tranches de citrons confits. Elle avait glacé le dessus avec du sucre ; en sorte qu'il était blanc et uni comme de la neige. Le gâteau ne fut pas plutôt cuit, que Marianne le porta elle-même à la pension. Lorsque le petit Henri l'aperçut, il sauta autour en frappant dans ses mains. Il n'eut pas la patience d'attendre qu'on lui donnât un couteau pour le couper : il se mit à le ronger à belles dents, comme un petit chien. Il mangea jusqu'à ce que la cloche sonnât l'heure de l'étude ; et, lorsque l'heure de l'étude fut finie, il se remit à en manger. Il en mangea encore le soir jusqu'à l'heure de se mettre au lit. Un de ses camarades m'a même assuré qu'Henri en se couchant mit son gâteau sous son chevet et qu'il se réveilla plusieurs fois la nuit pour le grignoter. J'ai bien quelque peine à le croire ; mais il est très sûr au moins que le lendemain, au point du jour, il recommença de plus belle et qu'il continua de ce train toute la matinée, jusqu'à ce qu'il ne restât pas une seule miette de son gâteau. L'heure du dîner arriva : Henri n'avait plus d'appétit, et il voyait avec jalousie le plaisir que prenaient les autres enfants à faire ce repas. Ce fut bien pis encore à l'heure de la récréation. On venait lui proposer des parties de boule, de paume, de volant : il n'avait

pas envie de jouer, et ses compagnons jouè-
rent sans lui, quoiqu'il en eût bien du dépit.
Il ne pouvait plus se soutenir sur ses jambes ;
il s'assit dans un coin d'un air boudeur, et tout
le monde disait : Je ne sais ce qui est arrivé à
ce pauvre Henri. Lui qui était si vif, qui aimait tant à courir et à sauter, voyez comme il
est triste, pâle, abattu ! Le principal vint lui-
même, et fut très inquiet en le voyant. Il eut
beau le questionner sur la cause de son mal,
Henri ne voulut point l'avouer. Heureusement
on découvrit que sa maman lui avait envoyé
un grand gâteau, qu'il s'était dépêché à le manger et que tout le mal venait de sa gourmandise. On envoya aussitôt chercher un médecin,
qui lui fit avaler je ne sais combien de drogues
plus amères les unes que les autres. Le pauvre
Henri les trouvait bien mauvaises, mais il fut
obligé de les prendre, de peur de mourir : ce
qui lui serait infailliblement arrivé. Au bout
de quelques jours de remède et d'un régime
très rigoureux, sa santé se rétablit enfin ; mais
sa maman protesta qu'elle ne lui enverrait plus
de gâteaux.   B.

23. L'enfant sobre et généreux.

Il y avait dans la même pension un autre enfant qui s'appelait Victor. Cet élève avait écrit à sa maman une lette fort polie où il n'y avait pas une seule rature. Sa maman, en récompense, lui envoya aussi, le dimanche suivant, un gâteau. Aussitôt qu'il fut arrivé, Victor dit à ses camarades : Venez voir ce que m'envoie maman ; il faut tous en manger. Ils ne se le firent pas dire deux fois ; et ils coururent autour du gâteau, comme vous voyez les abeilles voltiger autour de cette fleur qui vient d'éclore. Victor s'était muni d'un couteau. Il coupa une partie en autant de portions qu'il y avait de ses petits amis. Ensuite il les fit ranger en cercle pour n'oublier personne ; et, ayant commencé par celui qui était le plus près de lui, il fit le tour du cercle en distribuant à chacun sa portion, avec un mot d'amitié, jusqu'à ce qu'il fût revenu à celui qu'il avait servi le premier. Victor alors prit le reste et dit : Voici ma portion à moi, je la mangerai demain. Il alla jouer, et tous les autres s'empressèrent de jouer avec lui à tous les jeux qu'il voulut choisir.

Un quart d'heure après il vint dans la cour un vieux pauvre avec son violon. Il avait une longue barbe toute blanche ; et, comme il était aveugle, il se faisait conduire par un petit chien qu'il tenait au bout d'une longue corde. Le petit chien le menait avec beaucoup d'adresse ; et, quand il voyait du monde, il secouait la sonnette pendue à son cou, pour avertir les passants de ne pas faire de mal à son maître. Lorsque le vieux aveugle se fut assis sur une pierre et qu'il eut entendu les enfants autour de lui, il leur dit : Mes petits messieurs, si vous voulez, je vais vous jouer les plus jolis airs que je sais. Les enfants ne demandaient pas mieux. Le vieillard accorda son violon et leur joua des airs de polka et de toutes les chansons, tant nouvelles que de l'ancien temps. Victor s'aperçut que, tandis qu'il jouait les airs les plus gais, une grosse larme tombait le long de ses joues, et il lui dit : Bon vieillard, pourquoi pleurez-vous ? Le vieillard lui répondit : Parce que j'ai bien faim. Je n'ai personne dans le monde qui nous donne à manger, à mon chien et à moi. Si je pouvais travailler pour nous faire vivre tous deux ! mais j'ai perdu mes yeux et mes forces. Hélas! j'ai travaillé jusqu'à ma vieillesse, et aujourd'hui je n'ai pas de pain. Victor pleurait comme le vieillard, Il s'en alla sans rien dire et courut chercher le reste du gâteau qu'il avait gardé pour lui; puis il revint tout joyeux en criant de loin : Tenez, bon vieillard, voici du gâteau. Le vieillard dit en ouvrant les bras : Où est-il? car je suis aveugle : je ne peux pas le voir. Victor lui mit le gâteau dans la main, et le pauvre aveugle posa son violon à terre, essuya ses yeux et se mit à manger. A chaque morceau qu'il portait à sa bouche il en réservait pour le petit chien fidèle, qui venait dîner dans sa main.

Et Victor, debout à son côté, souriait de plaisir.   B.

---

24. De l'abus du vin et des liqueurs

La gourmandise la plus à craindre n'est pas celle qui consiste à manger au-delà du nécessaire; il en est une autre bien plus dangereuse, et contre laquelle je vais vous prémunir, parce qu'elle est très répandue, dans nos campagnes

surtout, parmi ceux qui n'ont pas le moyen de
se livrer à des repas somptueux : on l'appelle
ivrognerie. C'est le vice de ceux qui boivent
avec excès, jusqu'à s'enivrer et à perdre la
raison.

Rien de plus honteux que ce vice ; rien de
plus dégradant pour l'homme. Celui qui s'y
adonne, non-seulement outrage son Créateur,
mais il devient un objet de mépris pour ses
semblables, rend malheureux les personnes
qui habitent le même toit que lui ; et la pauvreté, la maladie, l'abrutissement sont presque toujours les suites de cette ignoble passion.

Voyez, en effet, un homme qui a noyé sa
raison dans le vin : il ne sait ni ce qu'il dit, ni
ce qu'il fait, ni pourquoi il agit ; il est devenu
semblable à la bête ; que dis-je ! il est descendu
au-dessous de la bête...; car, ayant perdu la
raison, il ne lui reste pas même l'instinct de
la bête pour se conduire. Il veut marcher :
il chancelle et tombe ; ses gestes n'ont plus ni
sens ni mesure ; un triste et horrible spectacle
frappe les regards ; l'homme ivre sert d'amu-
sement, il est un objet de risée pour les enfants
qui le rencontrent. Ne fît-elle que dégrader

ainsi celui qui en est atteint, l'ivrognerie serait inexcusable ; mais que doit-on penser en voyant les effets qu'elle a souvent ? Des hommes ivres deviennent disputeurs, colères, méchants et furieux ; des rixes ensanglantent la salle où s'étaient assis des gens réunis pour leurs plaisirs ; des pères de famille rentrent dans leur ménage pour quereller, tourmenter, maltraiter même leur femme et leurs enfants, dont ils viennent de dissiper les faibles ressources, et qui peut-être manqueront bientôt d'aliments. L'ivrognerie habituelle produit des maladies graves et nombreuses, et peut se terminer par la mort.

Ces funestes résultats de l'abus du vin doivent-ils en faire proscrire l'usage même modéré ? Non, mes enfants ; car s'il fallait défendre une chose par cela seul que l'abus en est à craindre, que resterait-il qui fût permis ?

---

25. Le jeune apprenti

Un jeune apprenti, âgé de dix ans et demi, avait contracté l'habitude de boire des liqueurs fortes, et souvent il y était excité par les ouvriers avec lesquels il travaillait.

16

Un jour, cet enfant alla faire une commission pour son patron ; ayant pu économiser cinq centimes, il résolut de ne pas rentrer à l'atelier sans les avoir dépensés chez un épicier. Le garçon de boutique, qui connaissait l'enfant pour être du voisinage, lui servit pour cinq centimes d'eau-de-vie ; mais celui-ci se plaignit aussitôt de n'avoir pas bonne mesure. « A cela ne tienne, lui répond le garçon en lui servant une grande quantité de cette liqueur ; bois sans perdre haleine, tu en sentiras mieux le goût et la qualité. »

Le malheureux enfant avala tout ce que contenait le verre : c'était la seizième partie d'un litre. Tout à coup il montra une gaîté folle ; puis peu après il ressentit une chaleur intense dans l'estomac, et se vit en proie à un violent délire. Transporté immédiatement à l'hôpital, il y mourut au milieu d'affreuses convulsions.

---

26. Le général Cambronne

Le célèbre Cambronne, un des plus braves généraux de l'Empire, commença sa carrière militaire par les grades les plus humbles.

Il était caporal en 1795, et en garnison à Nantes. Malgré sa jeunesse (il avait à peine 20 ans), il avait déjà contracté la déplorable habitude qui perd tant de jeunes gens, l'habitude de boire et même de s'enivrer souvent.

Un jour, étant ivre, il s'oublia jusqu'à frapper un officier qui lui donnait un ordre. Il passa devant le conseil de guerre et fût condamné à mort, comme il est de règle en pareil cas.

Le colonel de son régiment avait su cependant apprécier l'énergie, la bravoure et l'intelligence du jeune condamné. Il va trouver un représentant du peuple, commissaire du Gouvernement, alors à Nantes, et lui demanda la grâce de Cambronne.

« Impossible, répond le commissaire... Il faut un exemple ; sans cela la discipline est perdue dans l'armée. Le caporal Cambronne mourra. »

Néanmoins le colonel insiste, et fait si bien qu'il obtient la grâce de son soldat, mais à une condition expresse, c'est que celui-ci *ne s'enivrera plus jamais de sa vie.*

Le digne colonel se rend à la prison militaire. Il fait venir Cambronne : « Tu as commis une grande faute, caporal, lui dit-il.

— C'est vrai, mon colonel ; aussi vous voyez où je suis : je vais la payer de ma vie.

— Peut-être, dit le colonel.

— Comment ! peut-être ? Vous savez la rigueur de la loi militaire. Je n'ai point de grâce à attendre, et je n'ai plus qu'à mourir.

— Non, mon ami, tu ne dois pas mourir encore. Je t'apporte cette grâce dont tu désespères ; je l'ai arrachée à grand'peine au commissaire du Gouvernement. Il te remet ta peine et te rend même ton grade, mais à une condition.

— Une condition ! parlez, mon colonel, parlez ! Je ferai tout pour sauver ma tête... et surtout pour sauver mon honneur !

— C'est à la condition que tu ne te griseras jamais à l'avenir.

— Oh ! mon colonel, ça c'est impossible !

— Comment ! impossible ? pour échapper à la mort ! Tu vas être fusillé demain ; penses-y donc !

— Voyez-vous, mon colonel, il faudrait, pour que je ne m'enivrasse plus, que je ne busse jamais plus de vin ; car Cambronne et la bouteille, ça s'aime tant, qu'une fois que c'est commencé, il faut que cela finisse. Impossible de s'arrêter ! Je ne peux donc pas promettre de ne plus me griser.

— Mais, malheureux, ne peux-tu pas promettre de ne plus boire de vin ?

— Plus du tout ?

— Sans doute.

— Hum ! c'est une grande affaire que vous me proposez là, mon colonel. Ne plus boire de vin..., ne plus jamais, jamais boire ! » Et il baissa la tête.

« Mais, mon colonel, si je vous promettais de ne plus boire de vin de ma vie, qui est-ce qui vous garantirait cette promesse ?

— Ta parole d'honneur. Je n'ai pas besoin d'autre chose. Je te connais, et je crois que, quand tu la donnes, tu n'y manques pas. »

Et comme le condamné baissait encore la tête sans rien dire : « Eh bien ! Cambronne, que choisis-tu ?...

— Vous êtes trop bon pour moi, mon colonel, lui répond Cambronne d'un ton grave et pénétré. Merci de votre confiance ; je l'apprécie plus encore que la grâce que vous m'apportez... Dieu nous entend. » Et levant la main : « Moi, Cambronne, je jure que jamais de ma vie une goutte de vin ne touchera mes lèvres... Etes-vous content, mon colonel?

— Oui, mon ami, lui dit celui-ci, ému et heureux de ce qu'il venait d'entendre ; oui, je suis content de toi. Demain tu seras libre. Sois un brave soldat, et emploie au service de la patrie la vie qu'elle te rend aujourd'hui. »

Le lendemain, le caporal Cambronne rentra au corps et reprit son service.

Vingt-cinq ans après, le *caporal* Cambronne était devenu le *général* Cambronne ; il avait commandé la vieille garde impériale à Waterloo, et avait déployé un merveilleux courage dans cette retraite héroïque que chacun connaît.

Rentré dans ses foyers après la chute de l'Empire, il vivait paisiblement à Paris, aimé et honoré de tous.

Son ancien colonel, brisé par l'âge et plus encore par les fatigues du service, s'était, lui aussi, retiré dans sa famille. Il sut que le général Cambronne était à Paris, et il voulut un jour l'inviter à dîner. Il convoqua plusieurs frères d'armes, et leur prépara le meilleur repas qu'il put imaginer. La place d'honneur fut pour Cambronne, à droite du maître de la maison.

Etant à table, celui-ci offre à son hôte un verre de vieux vin, d'un prix très élevé et conservé précieusement pour les grandes occasions. Cambronne regarde le colonel, et avec surprise et vivacité :

« Que me proposez-vous là ? lui dit-il.

— Mais du vin du Rhin, mon général, et du fameux encore : il a plus de cent ans ; vous n'en trouverez guère de semblable à Paris. » Et comme Cambronne semblait s'irriter de ces paroles :

« Mais, mon général, je vous assure qu'il est excellent. Goûtez plutôt et vous...

— Et ma parole d'honneur ? mon colonel ; ma parole d'honneur ? s'écrie Cambronne en frappant sur la table. Et Nantes ? et la prison ? et la grâce ? et mon serment ? Avez-vous donc oublié tout cela, mon excellent ami ? Pour qui prenez-vous Cambronne ? Depuis ce jour, pas une goutte de vin n'a touché mes lèvres. Je vous l'avais juré et j'ai tenu ma parole. »

Le colonel, admirant cette énergique fidélité, se garda bien d'insister, et s'applaudit une fois de plus d'avoir conservé un tel homme à la France.

---

27. L'infortunée victime de la passion du jeu

Il y a quelques années que, dans une des grandes villes de la France, on condamna à périr par le supplice le plus infamant un jeune homme d'une famille honnête et d'une figure extrêmement intéressante. Dès que sa sentence eut été prononcée, un prêtre pieux et zélé entra dans sa prison pour le fortifier et pour l'exhorter à la mort; mais il le trouva dans l'agitation la plus violente, roulant des yeux furieux, et s'écriant avec rage : « Ah ! maudit jeu ! maudit jeu ! Que n'ai-je été écrasé par la foudre au moment où, pour la première fois, j'osai toucher les dés et les cartes ! » Comme il répétait sans cesse ces paroles, l'homme charitable qui était à ses côtés lui demanda pourquoi il maudissait tant le jeu. « Hé ! monsieur, lui répliqua-t-il alors avec un visage enflammé, vous ne voulez pas que je le maudisse ! il a été l'unique cause de ma perte. Je m'y livrai d'abord sans défiance, parce que je n'en prévoyais pas les suites funestes. Je m'en promettais même les plus grands avantages, parce qu'au commencement il m'avait été favorable ; mais bientôt la fortune se tourna contre moi et ne me laissa que la passion du jeu. Pour la contenter, j'enlevai d'abord à mes parents tout ce que je pus ; ensuite je jouai sur ma parole tous les biens qui pouvaient me revenir, et j'aurais bientôt ruiné ma famille, si elle n'eût pris des précautions pour me faire enfermer. J'en fus informé, et voulant prévenir le coup qui devait me ravir la liberté, j'abandonnai la maison paternelle, et je me mis à errer de pays en pays ; mais, comme la fureur du jeu me suivait partout, et que je n'avais pas les moyens de m'y livrer comme auparavant, j'eus enfin recours... O ciel ! je n'ose achever... Moi, brigand ! moi, qui n'avais reçu de mes parents que des leçons d'honneur et de probité !... Ah ! maudit jeu ! maudit jeu ! »

A ces mots, le jeune homme se tut en fondant en larmes et en se roulant de rage dans sa prison, mais il en avait assez dit pour faire comprendre que si, par ses vols et ses brigandages, il s'était rendu digne du dernier supplice, c'était le jeu qui en avait été l'unique cause.

---

28. Les deux cousins ou la bonne et la mauvaise route.

Antoine et Félix étaient cousins et habitaient la même ville ; ils appartenaient tous les deux à d'honnêtes familles d'artisans qui, de pères en fils, avaient toujours exercé le même métier. Les enfants furent envoyés de bonne heure à l'école : Antoine, qui aimait mieux le jeu que le travail, trouvait souvent des prétextes pour ne point assister aux leçons du maître, et prenait ainsi l'habitude de la paresse et de la dissipation ; Félix, au contraire, docile aux bons conseils de ses parents, s'appliquait à l'étude, et il était cité comme un des meilleurs élèves pour ses progrès et la régularité de sa conduite.

Quand ils furent en âge de travailler, les deux cousins entrèrent dans la même fabrique. Antoine se montra dans son apprentissage ce qu'il avait été à l'école : insouciant, léger, cherchant des distractions et s'éloignant de plus en plus des occupations sérieuses. Félix mettait tous ses soins à connaître les moindres détails de sa profession ; il s'instruisait auprès des ouvriers les plus habiles, profitait de leurs conseils et faisait le meilleur emploi de son temps. Quels furent les résultats d'un esprit de conduite si différent ? Il est facile de les deviner. Antoine fut souvent obligé de changer de patron, parce qu'il ne savait en contenter aucun ; il ne travaillait pas régulièrement, et le peu qu'il gagnait était bientôt dissipé. Il fut malheureux toute sa vie. Félix devint en peu de temps un ouvrier fort habile. Il gagnait cinq francs par jour, et tous les jours destinés au travail y étaient exactement employés. Il ne dépensait que la moitié de ce qu'il gagnait, et le reste était placé à la caisse d'épargne. Au bout de dix ans, il avait déjà amassé une petite fortune, et il était en état de soulager ses parents dans leur vieillesse : il avait trouvé le bonheur dans l'amour du travail et de la vertu.

---

29. Suite des deux cousins

Félix visitait un jour une des salles de l'Hôtel-Dieu de Lyon ; il parcourait ces lieux, séjour de la douleur, où, par un contraste remarquable, le luxe de l'architecture se déploie à côté des plus grandes misères.

Il s'informait de la manière dont les malades étaient soignés, s'ils avaient de bons aliments et si on les traitait avec douceur ; car souvent la bienveillance produit de meilleurs effets que les remèdes. Tout à coup quelques gémissements viennent frapper son oreille ; il s'approche du lit d'où partaient ces plaintes, et, après avoir causé quelques instants avec le malade, il croit reconnaître en lui un ancien camarade, et se rappeler qu'ils ont travaillé ensemble il y a vingt ans. « Cela n'est pas possible ! s'écriet-il ; ce ne peut être toi, mon ancien compagnon, toi que j'ai vu si jeune, si actif, si bon ouvrier ! Et c'est dans ce triste asile que je te retrouve après une si longue séparation ! Mais je ne veux pas que tu restes ici : je vais te faire conduire chez moi, et là tu recevras tous les soins qui te seront nécessaires. »

Il le fait transporter dans une petite maison de campagne qu'il habitait, et place une garde auprès de lui. Au bout de quelques jours, le malade reprend un peu de force. Félix le voyait souvent, l'engageait à prendre courage et tâchait de relever ses esprits abattus. Un jour il se hasarda à lui demander pourquoi il se trouvait dans une position aussi malheureuse : « Que t'est-il donc arrivé depuis que nous avons passé ensemble nos premières années?

— Je ne veux rien te cacher, lui répondit Antoine. Un fabricant, qui avait connu mon père, me prit chez lui, et je parvins à gagner de bonnes journées ; mais j'eus le malheur de faire de mauvaises connaissances, qui ne tardèrent pas à me perdre. On me voyait sans cesse avec mes amis à l'estaminet, au jeu, au spectacle. Loin d'économiser, je contractai des dettes, et un jour je fus arrêté et mis en prison. Mes créanciers se lassèrent de me payer des aliments et me rendirent la liberté. Mais que devenir ? N'ayant pas de quoi payer un logement, j'errai pendant plusieurs nuits dans les rues sans asile. Accablé par les chagrins et par les privations de tout genre que j'endurais, une fièvre ardente me saisit, et j'entrai dans cet hôpital, où j'ai eu le bonheur

17.

de te rencontrer. Mais toi, mon cher ami, comment es-tu parvenu à te procurer une si belle maison ? Tu as fait peut-être un bon héritage, ou bien tu as été heureux dans quelque spéculation ?

— Rien de tout cela ne m'est arrivé, répondit Félix. J'ai employé des moyens qui sont à la portée de tout le monde, et tu aurais pu réussir aussi bien que moi. C'est un secret que je puis t'enseigner, et le voici. Etant bon ouvrier, je gagnais 4 francs par jour ; 40 sous me suffisaient pour ma nourriture et mon entretien, et je mettais 2 francs de côté : comme je travaillais le lundi, je versais chaque semaine 12 francs à la Caisse d'épargne ; c'était donc 600 francs que j'amassais par an. Pendant plusieurs années j'ai continué à faire ce versement de 600 francs, et au bout d'une vingtaine d'années le capital et les intérêts se sont accumulés, et j'ai eu en ma possession près de 20,000 francs. Je me suis marié et j'ai acheté cette petite maison, où je vis aussi heureux que possible avec mes deux enfants. Nous espérons, ma femme et moi, pouvoir travailler encore longtemps et avoir de quoi élever convenablement notre petite famille.

— Hélas ! dit Antoine après avoir écouté attentivement ce récit, j'ai fait précisément tout le contraire. Au lieu d'économiser, je dépensais le produit de mes journées dans des parties de plaisir. Je passais le lundi et souvent le mardi dans l'oisiveté, et je me remettais difficilement à l'ouvrage, que je ne reprenais toujours qu'avec peine. Le cabaret, le tabac, le spectacle, le jeu absorbaient les deux tiers de mon gain, et il ne me restait, au bout de la semaine, que des regrets et des remords. Je n'avais pas la force de rompre avec mes funestes habitudes et de reprendre une vie plus régulière !

— Je vois bien, dit Félix, que tu as mené la vie la plus triste et la plus malheureuse. Où t'ont conduit ces prétendus plaisirs ? en prison et à l'hôpital. Mais tu n'as pas encore tout perdu, puisque tu retrouves un ami ; et, comme tu es infirme et incapable de travailler, tu resteras dans ma maison, et tu finiras tranquillement tes jours auprès de moi.

— Grand merci, mon cher camarade, j'accepte de bon cœur ; mais la misère et les souffrances qui ont affaibli mon corps ne me permettront pas de profiter longtemps de tes bon-

tés. Puissent au moins ton exemple et le mien
servir d'instruction aux jeunes gens au début
de leur carrière ! »

---

30. La Caisse d'épargne

Une caisse d'épargne est un établissement
qui reçoit les petites économies, et les rend, à
la volonté des déposants, avec les intérêts accumulés.

Les Caisses d'épargne préviennent la dé-
tresse, la misère et la pauvreté ; elles donnent
de l'énergie, inspirent le goût du travail et des
bonnes mœurs, et repoussent la fainéantise ;
elles détournent des mauvaises habitudes ; elles
augmentent les liens des familles, en assurant
à leurs chefs les moyens de soutenir, d'élever
et de placer leurs enfants ; et, en leur laissant
entrevoir un avenir heureux, elles font des
hommes attachés à leur pays et disposés à remplir tous les devoirs de bons citoyens.

Quarante centimes épargnés chaque jour et
placés à la Caisse d'épargne produisent :

Au bout d'un an,   145 fr.

—   8 ans, 1,871

Au bout de 15 ans, 3,228
—   20 ans, 4,954
—   25 ans, 7,176
—   30 ans, 10,029

---

31. Caisse des retraites

Il existe une autre caisse, c'est la Caisse des retraites. Elle est annexée à la Caisse des dépôts et consignations (rue de l'Oratoire du Louvre, à Paris); elle est ouverte tous les jours.

En province, tous les receveurs des contributions sont en correspondance avec la Caisse centrale. On y verse quand on le veut et ce qu'on veut, à partir de cinq francs. Le livret porte chaque fois l'indication de la rente viagère produite par chaque versement. Cette rente ne peut commencer qu'à l'âge de cinquante ans, et elle ne peut pas dépasser la somme de six cents francs (*). Les grands avantages offerts par ce mode de placement auraient attiré trop de capitaux si l'on n'avait

(*) Une loi récente permet aux déposants d'élever cette retraite à 750 francs.

(188)

pas imposé cette limite, et la Caisse des retraites aurait été une trop lourde charge pour nos finances.

Tous les placements sont divisés en deux classes :

1° Ceux dont on stipule la restitution entière aux héritiers de celui au nom duquel ils sont inscrits.

2° Ceux dont on fait abandon en cas de mort. Les conditions sont naturellement plus avantageuses dans cette seconde classe.

PREMIÈRE CLASSE. (*Capital réservé aux héritiers.*)

Pour assurer à cinquante ans une rente viagère de 600 francs, il faudrait verser :

A trois ans, 515 fr. une fois donnés, ou bien 33 fr. par an ;

A dix ans, 804 fr. de capital, ou bien 53 fr. 54 cent. par an ;

A vingt ans, 1,456 fr. de capital, ou bien 110 fr. 46 cent. par an ;

A trente ans, 2,759 fr. de capital, ou bien 253 fr. 80 cent. par an.

DEUXIÈME CLASSE. (*Capital abandonné à la Caisse.*)

Pour assurer à cinquante ans une rente viagère de 600 fr., il faudrait verser :

A trois ans, 401 fr. de capital, ou 26 fr. 22 cent. par an ;

A dix ans, 644 fr. de capital, ou 41 fr. 42 cent. par an ;

A vingt ans, 1,144 fr. de capital, ou 81 fr. 12 cent. par an ;

A trente ans, 2,073 fr. de capital, ou 176 fr. 28 cent. par an.

La Caisse des retraites a des tarifs calculés d'avance pour tous les âges et pour toutes les sommes. On peut les consulter en faisant les versements.

---

32. L'enfant content de son sort

Marcelin, jeune berger, conduisait son troupeau sur les montagnes. S'étant enfoncé dans les gorges pour chercher une de ses brebis dans un bois épais, il trouva dans ce bois un homme couché sous un buisson. Cet homme paraissait accablé de fatigue et respirer à peine.

« Jeune berger, lui dit l'homme, je meurs de faim et de soif. Hier je suis venu sur cette montagne sauvage pour y chasser. Je me suis égaré, j'ai passé la nuit dans les bois, et je meurs de faim et de soif. »

Marcelin tira de son panier du pain et du fromage frais, qu'il lui donna. « Mangez, lui dit-il, et suivez-moi : je vais vous conduire vers un vieux chêne où il y a toujours de l'eau. »

Le chasseur mangea ; puis il suivit Marcelin, et but de l'eau qu'il trouva excellente. Ensuite Marcelin le conduisit hors de la montagne.

Alors le chasseur dit au berger : « Aimable enfant, tu m'a sauvé la vie. Si j'étais resté une heure de plus dans cet état, je serais mort. Je veux te montrer ma reconnaissance. Viens avec moi à la ville ; je suis riche et je te traiterai comme si tu étais mon fils.

— Non, dit l'enfant, je n'irai pas avec vous à la ville : j'ai une mère et un père qui sont pauvres, mais que j'aime bien. Quand vous seriez un roi, je ne voudrais pas quitter mon père pour vous.

— Mais, dit le chasseur, ici tu habites dans une misérable cabane couverte de chaume ; moi je demeure dans un palais orné de marbre et entouré de colonnes superbes. Je te ferai boire dans des coupes de cristal et manger des mets somptueux dans des plats d'argent.

L'enfant répondit : — Notre maison n'est pas aussi misérable que vous le croyez. Si elle n'est pas entourée de colonnes, elle est environnée d'arbres fruitiers et de treilles. Nous buvons de l'eau bien claire, que nous puisons dans une fontaine voisine ; nous gagnons par notre travail une nourriture simple qui nous suffit ; et, si nous n'avons pas dans notre maison de l'argent, du cristal et du marbre, nous n'y manquons pas de fleurs.

Le chasseur ajouta : — Viens avec moi, enfant ; nous avons des arbres et des fleurs à la ville. J'ai un magnifique jardin avec des allées droites et touffues, et un parterre rempli des plantes les plus précieuses ; au milieu de ce jardin est un jet d'eau magnifique. Jamais tu n'as rien vu de semblable ; l'eau s'élance en gerbes et retombe en écume dans un bassin de marbre blanc.

— Nous sommes heureux dans nos bois, dit l'enfant. Les ombrages de nos forêts sont aussi délicieux pour le moins que ceux de vos superbes allées. Nos vertes prairies sont émaillées de mille fleurs. Il y a aussi des fleurs autour de notre maisonnette, des roses, des violettes, des lis, des pensées. Croyez-vous que nos fontaines soient moins belles que vos jets d'eau? Comme j'aime à les voir sortir en bouillonnant du creux des rochers, ou retomber du haut des collines pour serpenter ensuite dans les prés fleuris!

— Tu ne sais pas ce que tu refuses, ô enfant! dit le chasseur. Il y a à la ville des colléges superbes où je te ferai apprendre toutes sortes de sciences. Il y a des théâtres où d'habiles musiciens enchanteront tes oreilles par des concerts harmonieux. Il y a de riches salons, où tu seras admis à des fêtes splendides.

— Non, répondit l'enfant, je ne vous suivrai pas à la ville. On m'apprend dans l'école de notre village tout ce qui m'est utile. On m'y apprendra surtout à craindre Dieu, à honorer mes parents, à imiter leurs vertus. Je ne veux pas en savoir davantage. Vos musiciens chantent-ils mieux que le rossignol ou que la fauvette? Et nous aussi, nous avons nos concerts et nos fêtes. Que nous sommes heureux le dimanche quand nous sommes réunis en famille et assis à l'ombre d'un bois, sur le bord d'un ruisseau qui murmure! Ma sœur chante, j'accompagne sa voix avec ma flûte; nos chants retentissent au loin; l'écho les répète après nous; notre père et notre mère, heureux de nous entendre, nous regardent avec un tendre sourire. Non, je n'irai pas à la ville avec vous.

Alors le chasseur vit bien qu'il fallait renoncer à emmener l'enfant.

— Que te donnerai-je donc, dit-il, pour te marquer ma reconnaissance? Prends cette bourse pleine d'argent et d'or.

— Qu'ai-je besoin de cet argent? Nous sommes pauvres, mais nous ne manquons de rien; si j'acceptais votre argent, je vous aurais donc vendu le petit service que j'ai pu vous rendre? Ce serait mal; ma mère me blâmerait de cette conduite; elle m'a toujours dit que nous devons obliger ceux qui se trouvent dans la peine, et que nous devons le faire sans intérêt.

— Que te donnerai-je donc, aimable enfant? Il faut bien que tu acceptes quelque chose; autrement tu m'affligerais.

— Eh bien! donnez-moi ce flacon que je vois suspendu à votre côté; il me semble qu'on a gravé dessus des chiens qui poursuivent un chevreuil.

Alors le chasseur lui donna le flacon, et le jeune berger s'en alla en sautant de joie, comme un agneau qui bondit.

---

33. Réflexions sur le choix d'un état

Mes enfants, il y a longtemps que je vis et que j'observe tout ce qui se passe dans le monde ; j'ai toujours remarqué que c'est un parti fort sage que de suivre tout simplement la profession de son père. On trouve le chemin tout tracé ; l'apprentissage est facile : il n'est pas besoin de créer une chose nouvelle, on n'a qu'à continuer celle qui existe déjà. Si vous avez le bonheur d'avoir un père qui ait acquis une certaine réputation dans son état, vous héritez naturellement des avantages que lui donne cette réputation, pourvu que vous sachiez la mériter aussi par votre travail. Enfin, si vous êtes bon fils, ce doit être une jouissance pour vous de partager les travaux de votre père, de le soulager de ce poids dans sa vieillesse ; ce doit être une consolation de lui succéder, de le remplacer après sa mort, et de devenir à votre tour le soutien de votre famille.

Il y a quelquefois des enfants orgueilleux qui se croient faits pour une condition plus élevée que celle de leurs parents, qui ne veulent point s'assujétir aux travaux d'un métier, et qui sont assez ingrats pour rougir de la profession au moyen de laquelle leur père les a élevés. Celui qui rougit de son père, mes enfants, est un petit monstre aux yeux des gens de bien ; et il portera tôt ou tard la peine de son ingratitude, car Dieu punit les enfants ingrats.

Je connais quelques-uns d'entre vous de qui les parents n'ont pas eu le bonheur de recevoir l'instruction qui vous a été donnée. Eh bien, mes amis, que votre instruction soit employée par vous à reconnaître ce que vos parents ont fait pour vous. En exerçant la même profession, vous pourrez leur être utiles, les aider avantageusement ; et ne sera-ce pas pour votre cœur une grande jouissance ?

Si votre père est laboureur, fermier, n'a-t-il pas des comptes à tenir, des calculs à faire ? Eh bien, après avoir travaillé le jour dans les champs, vous pourrez, à la veillée faire sans peine ce travail, qui lui était peut-être difficile. En étudiant les livres dans lesquels on publie les découvertes nouvelles, vous y trouverez les moyens qu'on indique pour augmenter le bien-être des cultivateurs. Enfin, dans les longues veillées d'hiver, vous introduirez dans la famille une jouissance qui y était inconnue, en faisant des lectures tout à la fois instructives, pieuses et amusantes. Oh! c'est à ceux-là surtout que je conseille de ne jamais abandonner le champ paternel pour chercher une autre profession. Quelque nombreuse que soit la famille, la terre est féconde et elle nourrit tous ceux qui la sollicitent; jamais il ne peut y avoir trop de bras pour la cultiver.

Si votre père est maçon, charpentier, menuisier, tourneur, serrurier, le dessin linéaire qu'on vous a enseigné vous offrira, pour l'exercice des arts mécaniques, des ressources dont il a été privé, et qui faciliteront beaucoup votre travail. Vous ne pouvez donc mieux faire encore que de marcher sur ses traces.

« Mais, me diront quelques-uns d'entre vous, nous sommes plusieurs enfants, et nous ne pouvons tous prendre l'état de notre père. Ne pouvons-nous donc pas apprendre un autre métier ? » A la bonne heure, pourvu que ce soit aussi un métier utile, car il n'y a que ceux-là qui rendent indépendant, et ce sont les seuls honorables. Mais vous êtes bien jeunes, vous avez bien peu d'expérience pour choisir vous-mêmes. Consultez alors vos parents, demandez-leur qu'elle est leur volonté. C'est une marque de respect et d'égard que vous leur devez, et dont vous serez récompensés ; car ils savent mieux que vous ce qui vous convient, et ils ne peuvent vouloir que votre bonheur.

J'entends encore quelques-uns de vous me dire : « Mais, mon vieil ami, nous sommes bien pauvres, notre famille a besoin que nous gagnions très promptement quelque chose, et nous ne pouvons faire un long apprentissage. » Ce sentiment est fort louable, mes enfants. Eh bien, vous avez une ressource dans les manufactures où l'on emploie de jeunes enfants. Vous ne manquerez pas de travail tant que vous serez honnêtes et laborieux. Vous deviendrez, avec le temps, de bons ouvriers, et l'on vous recherchera. Soyez tranquilles : quand on est vertueux, on n'est pas abandonné de Dieu, et l'on trouve sa récompense ici-bas.

Laurent de Jussiéu.

34. Le blé

I

Vous devez, mes amis, bénir sans cesse la Providence de nous avoir donné cette plante précieuse que l'on cultive partout avec soin ; et quand vous adressez à Dieu cette parole : « *Donnez-nous notre pain de chaque jour,* » vous ne devez jamais oublier que c'est la principale nourriture qu'il nous recommande. Aussi voyez à quels nombreux usages il l'a destinée. Le grain du blé contient deux parties : la *farine* proprement dite appelée le *gluten,* et une autre partie appelée l'*amidon.* Vous remarquerez aussi que l'enveloppe du grain broyée donne le *son.*

Avec la farine on fait d'abord le *pain* et puis ces excellentes *pâtes,* la *bouillie* et la *semoule,* qu'on fait manger aux petits enfants, le *vermicelle* et les *macaronis* dont les Italiens sont si friands. Il ne faut pas oublier les bonnes pâtisseries dont vous vous régalez aux jours de fête, en famille. Les marins et les soldats d'Afrique emportent dans leurs expéditions ou leurs voyages un gâteau très dur et non sucré, qu'on appelle *biscuit de mer*. Ils le cassent et le font tremper dans l'eau pour le manger. C'est encore avec la farine du blé qu'on prépare ce biscuit de mer. Le blé sert aussi à faire la *bière blanche*, boisson favorite des Anglais, l'*eau-de-vie de grain*, moins répandue que l'eau-de-vie faite avec le vin. La *colle blanche*, dont vous vous servez pour coller votre papier quand vous faites vos cartonnages ou vos cerfs-volants, est encore faite avec la farine de froment.

L'amidon est une farine d'une blancheur éblouissante que l'on tire du blé, et avec laquelle on prépare la *poudre à poudrer*, dont se servaient nos aïeux, l'*empois*, utile à nos blanchisseuses pour rendre le linge lisse et raide.

Enfin avec le son on nourrit les animaux, on engraisse les porcs et les moutons pendant l'hiver. L'eau de son rafraîchit les chevaux et les vaches.

Ce n'est pas tout : le reste de la plante, quand on en a retiré le blé, est encore très utile. La *paille*, c'est la partie que l'on coupe, sert aussi à la nourriture des bestiaux, du cheval surtout. Elle donne du lait aux vaches et aux brebis. Quand elle est bien sèche, elle sert de nourriture, et on l'emploie pour faire des litières aux animaux dans les écuries et les étables. Cette paille, quand elle est échauffée, humide, et mêlée à leurs urines et à leurs excréments, devient un excellent *fumier* qui, à son tour, engraisse le champ où doit pousser le blé de l'année suivante. La partie du blé qui reste sur pied après la moisson, c'est le *chaume* où les pauvres gens vont glaner, et qui sert de couverture à leurs *chaumières*.

Enfin, mes bons amis, ces chaises qui brillent par leur propreté, chez vos parents, ces paniers, ces corbeilles, ces boîtes délicates dont se servent vos sœurs, ces jolis chapeaux qui entourent leur tête, c'est encore avec de la paille que tout cela est fait. Rendez donc grâces à Dieu de nous avoir donné tant de choses avec cette plante frêle et délicate qui a tant de peine à se tenir debout jusqu'à la moisson.

II

Si le blé est la principale nourriture de l'homme, il devient quelquefois un bon remède dans les maladies. L'eau panée, ou simplement la panade, convient très bien aux malades qui peuvent manger. Qand vous avez au doigt un mal d'aventure, un furoncle, votre mère vous guérit en appliquant sur le mal un petit cataplasme de mie de pain. On guérit l'âcreté du sang en prenant des bains de son. L'eau de son calme la toux et rafraîchit le corps ; c'est pourquoi on mêle le son à la farine de seigle, pour faire ces excellents petits pains si recherchés à Paris.

Mais Dieu a permis que cette plante si utile à l'homme fût attaquée par des maladies et par des insectes. Il l'a permis sans doute afin que l'homme lui donnât tous ses soins, puisqu'elle lui procure tant d'avantages. De petites plantes parasites, c'est-à-dire qui vivent sur le blé, des *champignons* presqu'invisibles poussent autour du grain et lui donnent plusieurs maladies : la *carie*, le *charbon*, la *rouille*. l'*ergot*, etc. De petits insectes y déposent leurs œufs et attaquent les épis, le *charançon*, par exemple. Dans les pays chauds, les sauterelles ravagent des contrées entières, et dévorent le blé en herbe. Les pigeons, d'autres oiseaux, les moineaux surtout, sont avides de grains. « Il faut à peu près, nous dit Buffon, vingt livres de blé par an pour nourrir une couple de moineaux. »

Il y a encore les mulots, les campagnols, espèce de rats qui creusent sous terre un chemin pour arriver dans un champ de blé. Les lièvres, les lapins causent aussi beaucoup de dégâts. Enfin, comme si Dieu avait ordonné à l'homme de veiller sur le blé jusqu'au moment de le convertir en farine, quand le blé est en tas dans le grenier, voici encore le *charançon* qui s'y établit et y produit d'affreux dégâts. On a cherché tous les moyens possibles de le détruire : on n'a pu y réussir.

---

35. L'homme qui sait lire et écrire

Quand les premiers hommes erraient encore sur la terre, forcés de conduire leur troupeaux là où s'étendaient les plus riches pâturages, un des fils de Japhet s'était endormi dans la solitude, près de ses brebis.

Or, il fit un rêve que voici :

Il lui sembla qu'il se trouvait sur une haute montagne, d'où il apercevait au loin les tentes de sa tribu et celles de beaucoup d'autres tribus amies. A cette vue, son cœur bondit de joie, il tendit les bras vers les tentes et éleva la voix pour appeler ses parentes et ses sœurs ; mais la distance ne lui permettait ni d'entendre, ni d'être entendu. Il s'adressa en vain aux nuages pour le transporter jusqu'à ses frères, aux oiseaux pour lui prêter leurs ailes, au vent pour transmettre ses paroles : le vent, les oiseaux et les nuages passèrent sans l'écouter.

Les yeux du pasteur se remplirent de larmes ; il cria au Dieu de ses pères :

« Être tout-puissant ! affranchis-moi de l'espace et du temps ! fais que, dans ma solitude, je puisse parler aux autres hommes, entendre ce qu'ils pensent maintenant et ce qu'ils ont pensé autrefois !

Alors un ange descendit, et, lui remettant une tablette sur laquelle étaient tracés quelques signes, il lui dit :

« Apprends d'abord à reconnaître ces caractères, puis à les imiter, ton souhait sera accompli. »

C'était l'alphabet que Dieu donnait au genre humain, et avec lui les deux arts les plus utiles à ses progrès et à son bonheur, la *lecture* et *l'écriture* !

Grâce à eux, en effet, qu'importent la solitude et l'éloignement?

L'homme qui sait lire cause avec les absents : il reçoit leurs confidences, il entend leurs assurances d'affection, il sait ce qu'ils font, ce qu'ils pensent, ce qu'ils désirent. Le papier qu'il reçoit, couvert de signes qu'ils ont tracés, est pareil à ces talismans qui pouvaient, dit-on, évoquer les amis éloignés, les montrer à nos yeux dans leurs sentiments et leurs occupations. Sans la lecture, les absents seraient comme des morts, car on cesserait de savoir où ils sont, ce dont il s'occupent, s'ils se souviennent encore, et si nous continuons à leur être chers. Otez ces entretiens écrits qui ravivent la mémoire et raniment le cœur, la plupart des liens seraient rompus par l'éloignement.

L'homme qui sait lire est en communication non-seulement avec ses amis, mais avec tout l'univers! La terre ne finit pas pour lui à l'étroit espace que peut embrasser son regard; il participe à la vie commune; il n'y a plus d'étrangers à ses yeux, car il sait l'histoire de toutes les nations; plus de contrées inconnues, car les livres lui ont montré le monde comme dans un miroir.

L'homme qui sait lire converse même avec les morts ! Penché sur les écrits auxquels ils ont confié leurs pensées, il lui semble que les paroles des grands hommes s'élèvent des pages muettes jusqu'à son esprit. Il reçoit les leçons de tous ces génies semés sur la route du temps comme les étoiles sur la route de notre globe ; il profite de leur expérience, il ajoute leurs réflexions à ses réflexions, il devient le légataire universel de l'héritage de sagesse laissé par les siècles qui l'ont précédé.

L'homme qui sait lire peut tout apprendre : l'enseignement lui arrive directement sans passer par la bouche du maître ; les livres sont pour lui des écoles toujours ouvertes qui le suivent jusqu'au milieu de la solitude, et qu'aucune volonté ne peut fermer.

L'homme qui sait lire ne connaît pas l'ennui : il a à sa disposition tout ce qui peut éveiller la curiosité, intéresser l'esprit, émouvoir l'imagination. Veut-il voyager au loin, entendre les récits des désastres ou des triomphes de son pays, écouter les inspirations des poètes, assister aux merveilleuses decouvertes des savants, suivre les aventures romanesques de quelques héros imaginaires, la lecture, comme une fée complaisante, l'emporte où il veut aller ! Souverain, tout-puissant, sa cour est formée des plus grandes intelligences que la terre ait vues naître, et qui, esclaves de son plaisir, se taisent ou élèvent la voix selon sa fantaisie.

Enfin *l'homme qui sait lire semble multiplier ses facultés et agrandir sa nature.* Il est mille fonctions qui ne peuvent être confiées qu'à lui seul. Il a un sens de plus que l'ignorant ; il appartient, pour ainsi dire, à un rang plus élevé dans l'ordre des êtres.

Mais *la lecture n'est que la moitié de la science indispensable :* elle commence l'homme social, l'écriture le complète.

L'homme qui ne sait point écrire lit les pensées des autres, mais il ne peut faire lire ses propres pensées ; il entend sans avoir la faculté de répondre ; il a reçu l'ouïe, il lui manque la parole ! Ses relations avec les absents se bornent à un éternel monologue, dont il est l'auditeur muet ; aucun moyen de faire à son tour ses confidences, d'adresser une question, ni de dire ce qu'il veut !

L'homme qui ne sait pas écrire se défie en vain

des infidélités de sa mémoire : il ne peut fixer par une note invariable le souvenir présent ; tout se détruit successivement derrière lui, les dates, les noms, les circonstances, parce qu'il n'a pu rien rattacher à des signes précis. Son cerveau ressemble à ces peaux préparées sur lesquelles on écrit pour un instant une phrase ou un chiffre fugitif : chaque jour y efface le fait de la veille.

L'homme qui ne sait pas écrire ne peut expliquer à un absent l'affaire d'où dépend sa fortune ou son honneur. Il voudrait en vain faire parvenir à ceux qui gouvernent sa réclamation ou sa plainte ; obligé d'emprunter la main d'un autre homme, il se trouve frappé d'une sorte d'enfance éternelle : c'est un mineur qui ne peut se produire qu'avec le secours d'une tutelle.

L'homme qui ne sait pas écrire ignore l'art de mettre en ordre ses pensées et de les exprimer avec brièveté. Accoutumé à la diffusion de la parole improvisée, il n'a jamais pu refaire ses phrases, discuter ses expressions, déplacer ses arguments, étudier enfin cette science de langage qui apprend à tout dire sous la meilleure forme et avec le moins de mots.

Mais l'homme qui sait *lire et écrire* est comme l'oiseau qui a senti pousser ses deux ailes : le monde lui est ouvert ! Il a obtenu cette victoire sur l'espace et sur le temps, que le pasteur demandait à Dieu dans son rêve.

Maintenant tout dépend de l'emploi qu'il fera de ces puissants instruments ! Quiconque saura lire et écrire pourra certes faillir, mais du moins ce ne sera point sans le savoir ; sa faute ne viendra pas de l'ignorance, mais du choix, et il pourra en être légitimement responsable devant les hommes, comme il l'est devant Dieu.　　　　Emile SOUVESTRE.

PENSÉES ET MAXIMES

1. Les meilleures prières sont celles qui viennent du cœur.

2. Dieu réserve au juste une éternelle récompense.

3. Rien n'est plus incertain que notre dernière heure.

4. Il n'y a que les méchants qui doivent craindre la mort.

5. Je n'ai qu'une âme, je veux la sauver, quoi qu'il m'en coûte.

6. L'instruction est un trésor dont le travail est la clef.

7. Celui qui sait borner ses désirs est toujours riche.

8. Pardonnez souvent aux autres, jamais à vous-même.

9. On perd souvent sa réputation pour avoir mal choisi ses amis.

10. Quand on a fait une faute, il faut l'avouer avec franchise.

11. La meilleure des leçons est celle des exemples.

12. Celui qui fréquente les bons deviendra meilleur.

13. Le repentir humble et sincère trouve toujours grâce devant Dieu.

14. Travaille le jour pour avoir le droit de te reposer la nuit.

15. Il ne faut pas faire le mal, même dans l'intention de produire un bien.

16. La lecture charme les maux ; elle console des malheurs.

17. Consultez des personnes capables de vous diriger dans le choix de vos lectures. En ouvrant un livre que vous ne connaissez pas,

peut-être ouvrez-vous une boîte qui renferme une vipère.

18. Il en est d'un mauvais livre comme d'un serpent : tôt ou tard il donne la mort au téméraire qui voudrait s'en amuser.

19. Un livre est un ami complaisant, que l'on trouve et que l'on quitte quand on veut.

20. L'Evangile est un livre divin ; c'est la règle apportée du ciel par Dieu lui-même, et ceux qui la suivront, dit saint Paul, trouveront le salut et la paix.

21. L'instruction est l'ornement du riche et la richesse du pauvre.

22. L'instruction fait tout ; c'est la source féconde de l'ordre, du repos et du bonheur du monde.

23. L'instruction sans doute est un grand avantage. Plût au ciel qu'on en fît toujours un bon usage.

24. Apprenez comme si vous ne saviez rien, et craignez surtout d'oublier ce que vous avez appris.

25. Si nous négligeons de nous instruire, nous nous condamnons à la triste société des hommes médiocres.

26. L'esprit sans jugement est un flambeau dans la main d'un fou.

27. Le véritable esprit doit avoir les qualités du diamant : il doit être brillant et solide.

28. Souvenez-vous que Dieu vous voit ; et, quand vous êtes seul, ne faites jamais rien dont vous auriez honte en présence des autres.

29. La morale qui ne repose pas sur la religion est une morale de circonstance, variable comme le temps.

30. Une grande âme est au-dessus de l'injure, de l'injustice et de la douleur.

31. Il n'y a de vraie liberté et de joie solide que dans la crainte de Dieu et dans le témoignage d'une bonne conscience.

32. La conscience est à notre âme ce que l'œil est à notre corps : c'est une lumière qui nous aide à distinguer le bien du mal.

33. La conscience est un juge qu'on ne peut corrompre.

34. Ne fermez jamais l'oreille aux reproches de votre conscience ; dites plutôt à cette amie fidèle : Parle, parle ! et à votre cœur : Écoute, écoute ! repens-toi et pleure ta faute !

35. Le mérite consiste à bien penser, à bien parler, à bien agir.

36. Fuis un plaisir présent s'il doit te causer un mal à venir.

37. La volonté de Dieu est que tous les hommes soient sauvés, et qu'ils arrivent tous à la connaissance de la vérité.

38. Rien n'est plus utile que de méditer sans cesse cette parole du Sauveur : *Que sert à l'homme de gagner le monde entier s'il vient à perdre son âme ?*

39. Aimez-vous les uns les autres : telle est la marque à laquelle tous vous connaîtront pour mes disciples.

40. Comment un chrétien n'aimerait-il pas tous les hommes ? N'avons-nous pas tous le même père ? N'est-ce pas le même Dieu qui nous a tous créés et rachetés ?

41. La douceur et la charité sont des vertus agréables à Dieu et aux hommes.

42. L'homme véritablement juste sait dire du bien de ceux-mêmes qui disent du mal de sa personne : pour lui la charité est un devoir auquel il ne manque jamais.

43. Celui qui donne par amour pour Dieu et par affection pour ses semblables, sera comblé des bénédictions célestes.

44. Mon fils, ne faites rien sans conseil, et vous ne vous repentirez point de ce que vous aurez fait.

45. Ne soyez ni fier ni orgueilleux : car on chercherait à savoir ce que vous valez réellement, et vous y perdriez toujours.

46. Il n'y a que les plaisirs innocents qui laissent dans l'âme une joie pure.

47. Avant de consulter votre fantaisie, consultez votre bourse.

48. L'amour de la patrie commence à la famille.

49. L'amour de la patrie est la première vertu de l'homme civilisé.

50. La vie est un dépôt dont l'homme ne peut disposer.

51. Respectons le bien d'autrui jusque dans les moindres choses.

52. Il ne faut parler de soi ni en bien ni en mal.

53. La modestie est un voile transparent qui attire et fixe les regards.

54. Vois toujours devant toi l'homme dont tu vas parler.

55. L'activité donne l'aisance, et l'aisance est mère de contentement et santé.

56. La paresse produit la misère ; la misère tue le corps par les privations et l'esprit par le chagrin.

57. L'ordre dans tout est la source du bonheur.

58. La prévoyance est la seconde Providence du genre humain.

59. Soyez en garde contre les petites dépenses.

60. Les avares amassent pour faire rire leurs héritiers.

61. Songe à ta mère ; c'est la meilleure distraction contre les pensées dangereuses.

62. Tout le poids de l'or n'est rien en comparaison d'une âme vraiment pure.

63. Nous devons respect et obéissance aux lois, parce qu'elles protègent la vie et la fortune de tous.

64. Fais le bien, et tu ne redouteras personne ; fais le mal, et tu craindras tout le monde.

65. Un vieil ami est toujours une chose nouvelle.

66. Veux-tu apprendre à bien mourir, apprends à bien vivre.

67. Celui qui ferme l'oreille au cri du pauvre criera lui-même et ne sera pas écouté.

68. Heureux ceux dont la conduite est pure et qui règlent leurs démarches sur la loi du Seigneur.

69. Nul ne peut se passer d'être homme de bien, de connaître ses devoirs et de les remplir.

70. Je ne connais rien au-dessus du devoir.

71. La reconnaissance est la mémoire du cœur.

72. La tempérance dans le boire et le manger est la santé de l'âme et du corps.

73. L'intempérance et l'ivresse détruisent la santé, dégradent l'âme, obscurcissent l'intelligence.

74. La propreté est la santé de l'âme et du corps.

75. L'ivrognerie est la peste de notre siècle.

76. Si tu veux un remède contre l'ivrognerie, regarde l'ivrogne.

77. La sobriété, la modération et les bonnes mœurs donnent une vie longue et exempte de maladies.

78. La joie de l'âme entretient la santé du corps.

EDUCATION SOCIALE

1. De la politesse

La politesse est une vertu sociale ; c'est la pratique de tous les égards, soit en paroles, soit en actions, que nous devons à la société. Elle mérite donc de fixer particulièrement votre attention. Je vous dirai même que j'y attache une très grande importance ; car la science du *savoir-vivre* ne vous est pas très familière. Ainsi, dès que vous êtes devant quelqu'un, vous ne savez ni saluer, ni vous tenir debout, ni vous asseoir. Vous tortillez votre casquette ou votre chapeau dans vos mains ; et, si l'on vous adresse la parole, vous riez niaisement au nez de celui qui vous parle, ou vous le regardez en dessous comme un enfant boudeur. Toutes ces façons d'agir, toutes ces manières et ces procédés sont les signes certains auxquels on reconnaît un enfant sans éducation.

N'allez pas croire cependant qu'il soit si difficile de devenir *poli*. Il ne s'agit que de veiller un peu sur sa conduite, de chercher à se rendre agréable aux autres, de se montrer disposé à leur plaire et à les obliger. La véritable politesse vient du cœur. Soyez bienveillants pour vos semblables ; agissez avec eux comme vous voudriez qu'ils agissent avec vous si vous étiez à leur place, et bientôt vous prendrez l'habitude de la politesse ; vous en remplirez tous les devoirs sans effort, sans même avoir besoin d'y penser, comme cela arrive aux personnes bien élevées.

---

2. Du maintien

Rien ne contribue autant aux grâces du corps, et même, jusqu'à un certain point, à l'honnêteté des mœurs, qu'un bon maintien.

Un mauvais maintien est presque toujours l'indice d'une éducation négligée, ou d'une grande nonchalance. On ne saurait donc trop tôt s'appliquer à se donner un maintien conforme à la modestie chrétienne et aux usages reçus.

Voici les défauts les plus choquants qui blessent en ce genre la modestie et la bienséance.

D'abord on doit éviter avec soin une certaine affectation qui met le corps à la gêne et le rend semblable à une machine dont les mouvements sont invariablement ordonnés : une démarche guindée ou compassée avec art est une chose ridicule, surtout dans le jeune âge.

Les enfants d'un caractère vif et étourdi doivent veiller avec soin sur eux-mêmes pour ne pas remuer, sans cesse et sans raison, les bras, les jambes, etc., pour ne pas changer d'attitude par légèreté, et surtout pour ne jamais gesticuler avant de parler.

3. Maintien d'un jeune garçon

On doit trouver dans le maintien d'un jeune garçon une modeste assurance tenant le milieu entre la hardiesse qui choque et la gaucherie qui déplaît. Assis, il se gardera de s'appuyer nonchalamment sur le dossier de son siége, comme de n'en occuper que le bord ; ce qui rendrait son attitude gênante et ridicule. Il se gardera bien plus encore de balancer sa chaise, de mettre les pieds sur les bâtons comme se perchent les perroquets, de croiser ses jambes ou de les avancer sur les chenets. Il y a des gens qui, pour n'avoir pas observé tout cela dès l'enfance, jouent dans la société un rôle ridicule et souvent importun. Leurs discours sont toujours accompagnés de gestes insupportables à ceux qui les écoutent ; ils s'attachent à leurs auditeurs en les prenant par le collet, la manche, le bouton de leur habit, etc.

---

4. Des gestes

Les gestes sont un supplément de la parole, qui, étant restreints par la raison et par le bon goût, peuvent ajouter au charme de l'entretien. Mais il faut pour cela qu'ils ne soient pas trop fréquents, et surtout qu'ils soient appropriés au genre de la conversation. Vous éviterez donc les signes mystérieux en parlant d'une chose claire et simple, les gestes brusques dans un entretien amical, les gestes mignards quand on s'occupe de sujets graves. Se lever de dessus son siége, parcourir la chambre à grands pas, prendre des attitudes forcées, frapper sur le genoux, sur le bras de la personne qui vous parle ou vous écoute, sont des manières contre l'usage et le bon ton. Il en est d'un autre genre, et qui ne sont pas moins blâmables, c'est de saisir fortement le bras du fauteuil sur lequel on est assis, de s'emparer du premier objet qui tombe sous la main pour s'en faire une contenance, de s'amuser à rayer les meubles, de rouler le bout de son mouchoir, de se frotter les mains, de se ronger les ongles, de prendre des attitudes cavalières, d'allonger ses jambes, de s'étendre sur les meubles.

---

5. Suite du même sujet

Il est également inconvenant de faire à tous propos des exclamations d'admiration ou de surprise, de rire aux éclats d'une manière niaise et bruyante. Autant il y a du manque de goût et du ridicule dans l'exagération des gestes, autant trouve-t-on de la monotonie dans les personnages dont rien ne saurait déconcerter la gravité, et qui, froids et immobiles, semblent vous écouter sans intérêt, ou raconter avec un débit lourd et sans accent la chose la plus touchante. Ces gens se donnent l'air d'automates ; ils refroidissent les autres et ôtent à la conversation la vivacité, le piquant, l'expression qui en font l'agrément. Je dirai donc des gestes qu'en cela, comme en toutes choses, c'est le juste milieu qu'il faut prendre pour n'être ni ridicule ni ennuyeux.

---

6. De la tête et des oreilles

La bienséance, mes petits amis, exige qu'on tienne la tête droite et élevée, sans la pencher d'un côté ou de l'autre, et qu'on ne la tourne point çà et là avec étourderie et comme une girouette.

Il n'est jamais permis de répondre par un signe de tête aux questions que l'on nous fait, encore moins de témoigner de l'indifférence ou du mépris par un geste de cette espèce.

On doit éviter de se porter la main à la tête, surtout lorsqu'on est à table, à moins d'une pressante nécessité. Il est encore bien plus inconvenant de se gratter la tête et de mettre les doigts dans ses cheveux : ce défaut est la marque d'un manque d'éducation, et l'on doit bien se garder d'y tomber.

Les enfants doivent se faire une règle indispensable de se peigner chaque jour les cheveux. Cette propreté est non-seulement utile à la santé, mais elle est absolument nécessaire si l'on ne veut pas être pour les autres un objet de répugnance.

Les oreilles exigent quelques soins particuliers si l'on veut les tenir dans un état de propreté convenable.

Il faut, chaque matin, les laver extérieurement dessus et dessous, et en essuyer tous les plis avec un linge fin, et s'aider du cure-oreilles. C'est une imprudence de se servir pour cela d'une épingle ou de tout autre chose semblable.

Quand on est en compagnie, on doit éviter, comme un manque de savoir-vivre, de porter la main à ses oreilles pour les nettoyer. Mais, s'il arrivait qu'une démangeaison violente forçât d'y toucher, on ne devrait le faire qu'adroitement, afin de ne pas s'exposer à causer du dégoût à personne.

―――――

7. Du visage

Pour être agréable, il faut n'avoir rien de sévère ni d'affecté dans le visage; tout doit y respirer une gravité douce, une sagesse aimable ; l'air chagrin et mélancolique rebute. Il est cependant à propos de composer son visage selon les circonstances où l'on se trouve et les personnes avec lesquelles on converse. Il serait ridicule et insultant de rire avec des gens qui sont dans la tristesse, de leur parler d'un ton gai, ou d'annoncer un événement fâcheux avec un air indifférent. De même, lorsqu'on se trouve dans une compagnie dont les entretiens roulent sur des choses agréables et amusantes, on ne doit point avoir un air sombre et rêveur. La propreté exige qu'en se levant on se lave le visage et qu'on l'essuye avec un linge blanc.

Lorsque la sueur oblige de s'essuyer le visage, il faut le faire avec un mouchoir blanc et n'y passer la main que dans un cas de nécessité ; on évite par là de graves inconvénients, la main pouvant y faire naître des dartres, des boutons, etc.

---

8. Du front, des sourcils et des joues

Le front, mes petits amis, est le siége de la douceur, de la pudeur et de la sagesse ; il faut donc que son air réponde aux vertus dont il est l'interprète et le miroir.

Froncer les sourcils est souvent un signe de fierté et de mépris : il faut donc éviter ce mouvement.

Quand on a le cœur pur et droit, une parole obscène, un geste indécent, un mensonge, une médisance, un léger emportement colorent aussitôt le visage, y font paraître une rougeur qu'un philosophe appelait la couleur de la vertu. Malheur à ceux qui rougissent du bien !

Remuer les joues, les enfler, les battre des mains sont des impolitesses et des grossièretés tout-à-fait répréhensibles.

Donner un soufflet à quelqu'un est une des plus grandes insultes qu'on puisse lui faire ; cependant celui qui est ainsi outragé ne doit jamais se venger par une injure de même nature ; mais il doit se souvenir que Jésus-Christ a été souffleté et couvert d'opprobres pendant sa passion. Et si malheureusement il arrivait qu'on se laissât aller à un premier mouvement d'impatience, il faudrait au moins le réprimer aussitôt et se rappeler que la vengeance a été regardée par tous les sages de l'antiquité plutôt comme une preuve de faiblesse que comme une marque de courage et d'honneur.

---

9. Des yeux et des regards

Les yeux sont les interprètes du cœur et en expriment presque toujours les sentiments et les agitations ; il est donc bien important de veiller à ce qu'il n'y paraisse rien de déréglé.

Ceux à qui la nature n'a pas donné l'avantage d'une vue agréable doivent tâcher de diminuer, autant qu'il est possible, cette infirmité par une contenance gaie et modeste.

Il en est qui ne regardent les personnes qu'avec un air de mauvaise humeur et même de colère : c'est un grand défaut dont on doit s'efforcer de se corriger. D'autres les regardent fixement et avec hardiesse : c'est une insolence qui ne peut qu'être très nuisible à celui qui se la permet.

Les enfants d'un caractère léger regardent çà et là et ne se fixent à aucun objet ; la sagesse et la politesse proscrivent cette inconstance dans les regards.

Grimacer, contrefaire les personnes disgraciées de la nature, se retourner les paupières avec les doigts, cela pour faire rire, sont des défauts qu'il suffit de signaler pour en faire sentir toute l'inconvenance.

---

10. Du nez

Porter les mains au nez, mettre les doigts dans les narines, est non-seulement une malpropreté impardonnable, mais encore une habitude dangereuse par les incommodités qu'elle peut occasionner, et dont quelquefois on se ressent longtemps. Les enfants doivent donc l'éviter avec soin.

Il faut, en se mouchant, observer exactement toutes les règles de la propreté et de la bienséance, se détourner un peu et se servir toujours d'un mouchoir.

Gesticuler avec le mouchoir, le tenir continuellement dans les mains et le laisser tomber à terre, le poser sur une table, sur une chaise ou un autre meuble, c'est de très mauvais ton. On doit tenir son mouchoir dans la poche et ne l'en tirer qu'au besoin.

Il faut éviter avec soin de faire trop de bruit

en se mouchant de même qu'en éternuant, et ne faire ni l'un ni l'autre qu'avec modestie.

---

11. De la bouche, des lèvres, des dents et de la langue

Il faut tenir la bouche dans une grande propreté ; il est donc important de la laver chaque matin et de se nettoyer les dents, soit avec une brosse douce, soit avec un linge humide. On ne doit porter à sa bouche rien qui puisse donner une mauvaise haleine, afin de ne point incommoder les personnes à qui l'on parle.

On se gâte infailliblement les lèvres en se les mordant avec les dents, en les remuant avec contorsion, ou en les tirant avec les doigts. Toutes ces choses d'ailleurs sont inconvenantes.

La plupart des enfants se gâtent les dents en ne se les nettoyant pas, ou en le faisant avec des épingles ou la pointe d'un couteau, ou en mangeant de tout ce qui peut les noircir, ou en y attachant des fils et autres objets qui ne peuvent que les ébranler et même les casser ; il faut éviter toutes ces choses.

C'est une incivilité de se servir de ses dents pour se rogner les ongles, pour ronger des plumes ou du bois, ou pour couper quelqu'autre chose que ce soit.

Plusieurs allongent, rétrécissent et font sans cesse mouvoir la langue ; c'est une grossièreté inexcusable.

En un mot, un enfant bien élevé ne doit jamais se permettre de faire aucune grimace, même pour rire, s'il ne veut pas s'attirer le mépris.

* * *

12. De la manière de parler et de prononcer

Il est difficile d'entendre celui qui serre les dents en parlant ; ceux qui parlent du gosier ne sont pas souvent plus intelligibles.

La grande volubilité confond les mots et empêche de bien saisir le sens du discours ; c'est le défaut des caractères étourdis et pétulants.

Il faut, en parlant, prendre un ton conforme au sujet que l'on traite et aux personnes à qui l'on adresse la parole. Un ton trop élevé annonce la fierté et l'insolence ; un ton trop bas décèle une timidité puérile ; et, comme on ne doit parler que pour se faire entendre, il est ridicule ou de crier à haute voix ou de parler entre ses dents.

L'honnêteté condamne un ton de voix brusque, qui annonce la dureté de caractère, peu en harmonie avec la douceur chrétienne. Elle réprouve également un certain ton efféminé, plein d'afféterie, et qui est un signe certain d'une folle vanité ou d'un esprit étroit et borné.

Ceux qui affectent de grassayer en parlant donnent dans le ridicule, et ceux qui le font naturellement doivent, autant qu'il est en eux, diminuer ce défaut en appuyant sur les syllabes qu'ils prononcent avec peine.

La prononciation française doit être ferme, douce et agréable ; il n'y a que les personnes qui parlent bien qui puissent servir de guide à cet égard.

———

13. De la manière de bâiller, de tousser
et de cracher

Rien n'est plus indécent que de parler en bâillant, de bâiller avec affectation ou d'un ton élevé, surtout en présence de personnes à qui on doit le respect. Lorsque la nécessité de bâiller est trop pressante, il faut au moins mettre la main devant la bouche, et, si elle continue, il est plus à propos de se retirer que de laisser croire que l'on s'ennuie.

Quand on est forcé de tousser, on s'incline légèrement à côté des personnes auprès desquelles on se trouve, et l'on se couvre la bouche avec son mouchoir ou avec la main ; si l'on est à table, on se couvre le bas de la figure avec sa serviette.

Toutes les fois qu'on éprouve le besoin de cracher, on doit cracher dans son mouchoir, à moins qu'on ne soit dans la rue.

C'est une incivilité grossière de cracher dans les appartements, par la fenêtre, sur les murailles et sur les meubles.

C'est aussi une impolitesse de s'approcher tellement de la personne à qui l'on parle, qu'on soit exposé, en lui parlant, à laisser échapper de la salive sur son visage.

14. Du lever et du coucher

L'enfant qui veut conserver sa santé doit se lever tous les jours de bonne heure.

Prolonger son sommeil au-delà de la nécessité, c'est s'exposer à contracter l'habitude d'une vie molle, sensuelle, et s'exposer à tous les dangers qui peuvent en être la suite ; d'ailleurs l'homme, en quelque condition qu'il se trouve, doit se souvenir qu'il est né pour le travail, et que la lumière du jour ne paraît que pour l'y appeler. Environ sept heures de repos suffisent au délassement du corps, à moins qu'on ait été obligé de se livrer à un travail excessif. Il faut donc se faire en soi-même une loi de se lever de grand matin et d'y accoutumer les enfants dès qu'ils commencent à grandir.

La première chose que l'on doit faire en s'éveillant c'est de donner son cœur à Dieu par un acte d'amour, et le remercier de nous avoir conservé pendant la nuit. Il faut ensuite sortir du lit avec modestie, s'habiller promptement et réciter à genoux la prière du matin.

Après la prière du matin, les enfants doivent aller offrir leurs respects à leurs parents ou à ceux qui les représentent. Cette obligation, d'ailleurs si agréable, est prescrite par la nature et la reconnaissance.

Les enfants doivent pareillement ne jamais se coucher sans remplir les mêmes devoirs.

Il faut que la modestie préside au coucher comme au lever ; mais, avant de se mettre au lit, on doit avoir soin de faire sa prière du soir avec respect et attention, et de remercier Dieu de tous ses dons.

---

15. Suite du même sujet

Un enfant chrétien ne se mettra au lit qu'après avoir fait l'examen de conscience qui suit :

Ai-je rempli mes devoirs envers Dieu, envers mon Créateur ? L'ai-je prié avec ferveur, avec confiance ? Ai-je écouté avec respect ou distraction les instructions chrétiennes et les lectures de piété ? Ai-je pensé aujourd'hui aux objets du monde que je dois le plus aimer, à mon père, à ma mère ? Ai-je rempli tous mes devoirs envers mes parents ? Ai-je été sensible et doux envers mes sœurs et mes frères, docile, reconnaissant et appliqué avec mes instituteurs ? N'ai-je désobligé personne ? N'ai-je à me reprocher aucune médisance ? Ai-je été parfaitement sincère ? Ai-je été sobre, discret, charitable, modeste, courageux autant qu'on peut l'être à mon âge ? N'ai-je pas donné quelques marques de faiblesse, de mollesse, si méprisables dans un homme ? Ai-je fait enfin tout le bien que je pouvais faire ? Ai-je eu toutes les attentions que je devais avoir pour toutes les personnes absentes et présentes auxquelles je dois de l'affection, du respect, de la reconnaissance, de l'amitié, des égards et des soins ?

Il faudra, mes petits amis, vous examiner à chacune de ces questions, demander pardon à Dieu de vos fautes, le supplier de vous faire la grâce de n'y plus retomber, et vous promettre de réparer dès le lendemain vos omissions, vos oublis, vos négligences, enfin toutes les fautes que vous aurez commises.

----

16. De la conduite dans les églises

Si les chrétiens réfléchissaient sur la sainteté de nos temples, ils s'y comporteraient avec plus de décence et de respect. Les temples sont saints, parce que Dieu les remplit de sa présence, comme il l'annonce lui-même dans le prophète Aggée : Je remplirai cette maison de gloire, j'établirai la paix dans ce lieu.

Les enfants, comme les grandes personnes, ne doivent jamais se présenter à l'église sans être mis proprement et d'une manière décente.

On doit prendre avec respect de l'eau bénite, qui est ordinairement placée à l'entrée des églises, et faire le signe de la croix.

Quand on passe devant les autels, on doit s'incliner profondément.

Nous devons avoir à l'église un maintien modeste et recueilli qui annonce des sentiments religieux, et qui soit un sujet d'édification. Il faut se tenir debout, assis ou à genoux, selon que l'exigent ou le permettent les cérémonies du culte.

On doit s'interdire sévèrement de se promener dans l'église, d'y causer, d'y jeter çà et là des regards distraits, d'y troubler enfin, de quelque manière que ce soit, le recueillement des personnes qui sont tout entières au service divin.

Quand vous entrez dans une église ou que vous en sortez, vous devez offrir de l'eau bénite aux personnes qui sont avec vous ; c'est une prévenance qui n'est pas négligée par les personnes pieuses et polies.

17. De la toilette

Les soins que réclame notre personne doivent être mis au nombre de nos devoirs. La bienséance exige que nous soyons toujours vêtus avec propreté et décence. Les enfants doivent se laver chaque jour le visage, les dents, les mains, les pieds, et entretenir aussi le corps dans une propreté continuelle. C'est un puissant moyen de santé et même d'embellissement. Que jamais une tache, une déchirure ne s'aperçoivent sur vos vêtements.

Quelques enfants ont la sottise de placer leur gloire dans l'élégance de leur parure. Gardez-vous de cette vanité ridicule, qui vous rendrait un objet de risée.

La singularité dans les ajustements n'est pas excusable ; c'est une preuve de folie, ou l'effet d'une ridicule originalité : la mode du pays où l'on vit est pour l'ordinaire la règle que l'on doit suivre dans le choix et la forme des habits.

Il est encore dans la toilette une chose fort importante et qu'on ne doit pas négliger : c'est de changer souvent de linge, afin qu'il soit toujours blanc. Avec du linge propre on peut se présenter convenablement partout, tandis qu'il est indécent de le faire avec du linge sale.

---

18. De la manière de saluer

On doit saluer toutes les personnes que l'on connaît partout où on les rencontre.

Pour saluer un inférieur il ne faut point attendre qu'on soit prévenu par lui. Les personnes bonnes, celles qui ont l'esprit bien fait, cherchent à prévenir à cet égard toute personne de connaissance.

Il convient surtout que les enfants en agissent ainsi.

Ne pas rendre le salut par fierté est d'un esprit bien sot et bien borné. Tout supérieur qui a de nobles sentiments se fait remarquer par la manière obligeante avec laquelle il remplit ce devoir.

Dans quelque lieu que l'on soit, dans l'escalier, dans la cour d'une maison, par exemple, on ne doit pas gêner une personne sans se ranger, saluer, proférer un mot d'excuse. Dans un lieu isolé, à la campagne, il est d'usage de saluer les inconnus rencontrés par hasard. Si les personnes avec lesquelles on se trouve en saluent d'autres qu'elles rencontrent, il faut imiter leur exemple, et se tenir découvert si l'on s'arrête.

Les manières de saluer varient suivant les personnes. Le salut doit être respectueux avec un supérieur, cordial ou civil avec un égal, et bienveillant avec un inférieur.

On doit éviter en saluant de jeter en arrière soit le pied droit ou le pied gauche, comme si l'on écrasait quelque chose. Cette manière de saluer, commune dans la campagne, vient sans doute de l'ancien usage de fléchir le genou.

Pour saluer on doit ôter son chapeau, le baisser en développant le bras, arrondir le corps en inclinant d'abord la tête plus ou moins profondément, selon la personne.

Il ne convient pas d'aborder toutes les personnes que l'on salue, à moins qu'on ne soit lié avec elles ou qu'on n'ait quelque chose à leur dire. Dans les autres cas, saluer et passer son chemin est ce qu'on a de mieux à faire, surtout à l'égard de ses supérieurs.

Quand on s'arrête pour parler à un supérieur ou à une dame, il faut rester le chapeau à la main jusqu'à ce qu'on ait été invité, une fois au moins, à se couvrir.

Ce n'est que de supérieur à inférieur ou d'égal à égal que l'on peut se permettre d'inviter quelqu'un que l'on aborde à se couvrir.

Ce n'est aussi que de supérieur à inférieur ou d'égal à égal que l'on peut se permettre de tendre la main à quelqu'un qu'on aborde.

Il est inconvenant de nommer par son nom une personne que l'on rencontre, encore plus de la nommer chaque fois qu'on lui adresse la parole.

En général, dans les rencontres, on doit éviter des manières trop familières, qui souvent sont bien voisines de l'impolitesse et nous exposent à de rudes leçons.

Un jour un importun, connu par sa familiarité choquante, ayant dit à un grand personnage en l'abordant : *Bonjour, mon ami; comment te portes-tu?* il n'en reçut que cette réponse justement humiliante : *Bonjour, mon ami; comment t'appelles-tu?*

Quand on rencontre quelqu'un avec qui l'on

n'est pas très familier, il faut s'abstenir de lui demander où il va, d'où il vient : le demander serait une indiscrétion. En général, toute question qui peut avoir un air de curiosité est à éviter.

S'arrêter en chemin pour regarder fixement quelqu'un sans avoir à lui parler serait non-seulement manquer à la civilité, mais encore commettre un acte d'effronterie et d'impudence.

---

19. Des repas en général

Il est de l'honnêteté de se laver les mains avant de se mettre à table ; la propreté en fait même obligation indispensable.

Lorsqu'on est prêt de se mettre à table, il ne faut pas se porter vers l'endroit le plus commode, ni choisir soi-même une place ; mais on doit attendre que les premières places soient prises par les personnes qui méritent de les remplir. Un jeune homme doit toujours se mettre à la place la plus incommode, à moins qu'on ne l'oblige d'en prendre une autre ; d'ailleurs il doit se placer le dernier. Dès que l'on a pris le siége, il faut s'asseoir et se tenir de manière que l'on ne soit ni nonchalamment renversé sur le dos de la chaise, ni courbé, encore moins accoudé sur la table; on ne doit y appuyer que la main.

La serviette qui est posée sur l'assiette étant destinée à préserver les habits des taches ou autres accidents trop ordinaires dans les repas, il faut l'étendre sur soi de manière qu'elle couvre le devant du corps jusque sur les genoux.

La cuiller, la fourchette et le couteau doivent toujours être placés à droite.

Une personne qui a du savoir-vivre attend toujours avec patience qu'on la serve, et fait même en sorte, par politesse, que les autres soient servies avant elle.

A une table étrangère, on ne plie pas sa serviette en se levant de table : on la laisse sur la table ou sur le siége que l'on quitte.

Avant et après le repas nous devons prier Dieu et le remercier des biens que nous tenons de sa main bienfaisante.

----

20. Des visites

A l'époque du renouvellement de l'année,

aux anniversaires des fêtes, les premières visites doivent être pour les parents âgés, les maîtres, les protecteurs.

Avec un parent, un ami, ne comptez pas les
visites; c'est celui qui a le plus de temps qui
doit se donner plus fréquemment ce plaisir.

Quand vous allez visiter des étrangers, il
est convenable de choisir les heures où l'on est
assuré de ne les point trouver à table et de ne
les pas déranger dans leurs occupations ou
dans leur promenade.

Un jeune garçon, après avoir salué les maîtres de la maison avec aisance et respect, se
tiendra le corps droit sur sa chaise, ayant son
chapeau sur ses genoux.

Les enfants ne doivent s'asseoir qu'après
avoir vu toutes les grandes personnes assises;
les dernières places sont celles qu'ils pren-
dront.

Le plus ordinairement, c'est avec leurs parents que les enfants vont en visite; leur conduite doit être réglée de manière à ne pas les
obliger à leur faire des réprimandes chez les
étrangers; ce qui aurait lieu si les enfants
quittaient leur siége pour aller examiner les

objets qui décorent l'appartement. Toucher ces
objets serait pis encore.

S'il arrive que les enfants de la maison vous
engagent à vous retirer à l'écart avec eux pour
vous proposer quelques amusements, ou vous
entretenir de choses convenables à votre âge,
prêtez-vous de bonne grâce à cette invitation
sans oublier la présence des grandes personnes. N'interrompez pour aucun motif leur
conversation. Parlez à voix basse.

Ne cherchez point à faire avancer ou reculer
le moment du départ. Rappelez-vous toujours
que la soumission du caractère est une vertu
de rigoureuse obligation pour la jeunesse, et
que l'oubli de soi-même est un devoir dans la
société.

En vous en allant, saluez en particulier la
maîtresse de la maison, ensuite adressez un
salut général à la compagnie.

---

24. Des récréations et du jeu

L'esprit ne peut pas toujours être occupé ; il
a besoin de se reposer de temps en temps et de
prendre quelques délassements. Livrez-vous

donc au jeu, mes enfants ; abandonnez-vous à cette franche gaîté, privilége heureux de votre âge ; ne cherchez pas à imposer les jeux que vous préférez, faites-en la proposition ; mais, si elle n'est point acceptée, soumettez-vous de bonne grâce à la décision des autres. Ne vous adjugez pas les premiers rôles, comme tant d'enfants orgueilleux qui, ne considérant dans leurs compagnons que des instruments de leurs plaisirs, les obligent à se contenter de la part dont ils n'ont pas voulu. Il peut arriver que, dans l'ardeur du jeu, vous soyez rudement atteints ; se fâcher, pleurer, bouder en pareil cas serait donner de votre caractère une mauvaise opinion. Usez de précaution avec les autres et pardonnez-leur leur manque d'attention à votre égard.

---

22. De la promenade

La promenade, mes petits amis, est un exercice nécessaire à la santé ; elle accélère la circulation du sang, dissipe les humeurs, délasse l'esprit et facilite les digestions. Vous ne devez pas vous y permettre la même liberté que dans vos jeux ; mais vous y trouverez de l'intérêt en interrogeant avec politesse et discrétion les grandes personnes qui vous accompagnent sur les objets qui s'offrent à vos regards, ou bien en vous exerçant avec vos jeunes compagnons à raconter les historiettes que vous aurez lues ou composées, en vous rappelant les uns aux autres ce que vous aurez appris sur l'histoire des monuments et des plantes que vous rencontrez durant le cours de la promenade.

---

23. Conduite pendant la promenade

Je dois vous faire remarquer, mes petits amis, l'obligation où l'on est de s'observer avec un nouveau soin quand on se trouve exposé aux regards du public. Les enfants bien élevés n'oublieront pas de céder aux personnes plus âgées et surtout aux vieillards, aux infirmes, le haut du pavé, c'est-à-dire la partie qui touche aux maisons. Ils marcheront d'un pas régulier, qui ne sente ni la contrainte ni l'étourderie. S'il y a de la boue dans les rues, ils seront attentifs à poser légèrement le pied sur le milieu du pavé pour ne pas salir leurs voisins. Ils s'effaceront doucement pour ne pas heurter les passants. Rien ne dénote d'avantage une mauvaise éducation que les manières brusques et choquantes de certaines gens, qui ne sauraient marcher près de vous sans mettre leur pied sur le vôtre, sans vous coudoyer, ou accrocher votre parapluie, quand la nécessité vous oblige de l'ouvrir.

---

24. Suite du même sujet

Quand vous êtes en promenade, voyez-vous, mes amis, une personne de votre connaissance arriver devant vous, saluez-la respectueusement ou amicalement, selon son âge et le rang qu'elle occupe. Ne vous arrêtez que si elle vous en donne l'exemple. Il n'est guère d'usage d'interrompre sa marche pour faire la conversation dans la rue ; cependant, un enfant doit suivre à cet égard la volonté de ceux qui le guident. Il peut se faire que vous ayez besoin de demander des indications sur votre chemin, adressez-vous en pareil cas aux commissionnaires, aux revendeuses de fruits, de préférence aux marchands en boutique que vous dérangeriez, ou bien à des passants qui pourraient, sans le vouloir, vous induire en erreur. Que votre question soit faite en termes polis, comme : *Veuillez, monsieur, madame, m'indiquer telle rue.* Et accompagnez votre remercîment d'un salut gracieux.

---

25. De la docilité

Ce n'est pas assez, mes chers amis, d'avoir du respect, de l'amour et de la reconnaissance pour ceux qui travaillent à votre éducation, vous devez encore être dociles à leurs avis et à leurs instructions. La docilité a toujours été regardée comme le principal devoir des élèves envers leurs maîtres. Vos maîtres sont vos guides, vous devez vous laisser conduire par eux. Ils ont des lumières supérieures aux vôtres : il convient donc que vous préfériez leurs avis à vos propres idées. Quand vos parents vous ont mis sous leur conduite, ils ont prétendu que vous leur obéissiez en tout : ce serait donc désobéir en quelque sorte à vos parents que de résister à la volonté de ceux qui tiennent leur place.

Toutes ces raisons doivent vous faire comprendre, mes petits amis, combien il est juste et raisonnable que vous soyez dociles aux ordres de ceux qui sont chargés de votre conduite. Le jeune duc de Bourgogne l'avait bien compris, quoiqu'il fût élevé à un rang qui semblait le dispenser de la docilité que les autres enfants doivent à leurs maîtres. Il avait un jour contredit son gouverneur, et, dans la vivacité de la dispute, il s'oublia jusqu'à lui dire : « Nous verrons qui de nous deux aura raison. » Mais, faisant réflexion que cette saillie était contraire à la déférence qu'il lui devait, il ajouta incontinent après : « Ce sera vous sans doute, parce que vous êtes plus raisonnable que moi. »

---

26. De la délicatesse

La délicatesse dans le goût consiste à mépriser tout ce qui est bas et grossier ; à n'employer jamais des expressions triviales et proverbiales ; à n'aimer que les plaisanteries qui peuvent s'allier avec la décence et qui ont toujours eu de la finesse ou de la grâce, et surtout à n'en jamais faire de plates ou d'embarassantes, comme, par exemple, à ne jamais plaisanter sur la figure, sur un défaut naturel, sur le peu de fortune, sur le manque de naissance, sur l'âge, etc. On pourrait faire une plaisanterie à une personne riche, et qui n'est point avare, sur un vieil habit, etc. Cette plaisanterie serait odieuse à une personne qui manquerait de fortune; ainsi du reste. Il serait aussi très grossier de parler en général d'une chose fâcheuse qu'une personne présente pourrait s'attribuer, et qui pourrait rappeler à quelqu'un une vérité désagréable ou un malheur, comme si l'on se moquait des nez excessivement longs devant une personne qui en aurait un; si, sans se moquer, on parlait des personnes borgnes, bossues, etc.; ou si, devant une personne de soixante ans passés, on disait, en parlant de quelqu'un de cet âge, que c'est un vieillard ou une vieille femme, etc. La délicatesse dans les sentiments consiste à se montrer plus scrupuleusement honnête dans ses actions et ses procédés qu'on ne l'est communément même avec une probité irréprochable; elle porte encore à prévenir ceux qu'on doit ou qu'on veut obliger.

Elle inspire mille soins agréables et une grâce particulière en obligeant. Enfin la délicatesse du goût rend poli, donne un bon ton et des manières nobles. La délicatesse de sentiments rend véritablement estimable et procure des amis solides, et il faut avoir ces deux sortes de délicatesse pour être aimable, recherché et digne d'être aimé.

---

27. Sur l'envie de plaire

L'envie de plaire, mes petits amis, est un sentiment non-seulement louable, mais nécessaire; prenez garde seulement qu'il ne vous porte à des complaisances blâmables; par exemple, pour plaire aux gens avec lesquels vous vous trouvez, il ne faut jamais que vous montriez une opinion que vous n'auriez pas, ou que vous sacrifiiez les intérêts d'une personne absente que vous aimeriez; il serait horrible de vous prêter par complaisance à en dire un peu de mal, ou à vous en moquer le moins du monde; il faut, dans ce cas, ou prendre son parti ou marquer par un profond silence que vous désapprouvez ce qu'on dit ou ce qu'on veut faire entendre ; et, si l'on vous questionne, dire courageusement ce que vous pensez. Une conduite différente serait basse et lâche, et vous devez avoir de l'horreur pour la bassesse et la lâcheté ; mais à votre âge, où l'on a peu réfléchi, on pourrait, faute de réflexion, faire des fautes de ce genre avec un bon naturel. Maintenant que je vous en fais sentir la conséquence, je suis sûr que vous ne ferez rien d'approchant. Songez qu'un cœur généreux et noble ne veut plaire que par des moyens légitimes ; qu'il a horreur de tout ce qui ressemble à la trahison ; et que, par cette raison, il respecte davantage ses amis et les personnes auxquelles il doit des égards en leur absence autant qu'en leur présence, de manière qu'il pourrait se permettre devant eux quelques plaisanteries sur leur compte qu'il ne ferait jamais pendant leur absence. Songez encore, chers enfants, qu'il est impossible d'être véritablement aimable et aimé sans être estimable ; et que, lorsqu'on a la faiblesse de sacrifier l'honnêteté au désir de plaire, on agit contre son but, et qu'on ne recueille que le mépris de ceux mêmes qui ont l'air d'approuver cette indignité.

28. De la correspondance épistolaire

On entend par correspondance épistolaire les lettres que nous écrivons ou que nous recevons.

Ces lettres doivent être conçues en termes plus polis, s'il est possible, qu'une simple conversation, parce qu'en écrivant on peut plus aisément peser ses expressions qu'en parlant.

On doit répondre à toutes les lettres que l'on reçoit.

Plus on met d'empressement à répondre à une lettre, plus on montre de politesse.

Les enfants, grands comme petits, doivent surtout écrire à leurs parents et grands parents aux époques du jour de l'an et de leur fête. Il est bien de le faire entre amis aux mêmes époques, ainsi que dans les cas d'éloignement prolongé, de félicitations à adresser, de consolations à donner, etc.

Il faut toujours écrire ses lettres sur une feuille entière de papier. Le format moyen est celui qui convient généralement. Le plus petit papier à lettre ne doit servir que dans la familiarité.

La date se place en tête dans les lettres d'affaires, au bas et près de la signature dans les lettres qu'on adresse à ses supérieurs.

Les marges, l'espace en blanc entre le mot *Monsieur* ou *Madame* se proportionnent à la qualité des personnes, au respect qu'on leur doit. Il est de la politesse de répéter souvent dans le corps de la lettre le mot *Monsieur* ou *Madame,* quand la phrase s'adresse directement à la personne à qui l'on écrit. Si cette personne a un titre, il faut le lui donner chaque fois qu'on a occasion de mettre *Monsieur* ou *Madame.*

Pour terminer la lettre avant de la signer, il y a un grand nombre de formules, qui varient suivant les personnes.

Il faut employer celles qui expriment le plus profond respect.

Un jeune homme ou un enfant qui, par imitation, parlerait de sa considération, serait très ridicule.

Quant aux formules que peut dicter l'affection, on les trouve aisément dans son cœur.

Il ne faut jamais négliger, sous quelque prétexte que ce soit, la formule ordinaire : *Votre très humble et très obéissant serviteur.*

Il est convenable d'éviter, autant que possible, d'avoir besoin d'un *post-scriptum*.

La manière la plus honnête de plier une lettre, est de la mettre sous enveloppé et de la cacheter avec de la cire destinée à cet usage.

On doit toujours l'employer pour des personnes de distinction.

Les personnes en deuil doivent cacheter leurs lettres avec de la cire noire, ou du pain à cacheter de la même couleur.

Aujourd'hui tout le monde affranchit ses lettres ; et si l'on écrit pour demander des renseignements, on a soin de joindre à sa lettre un timbre-poste pour l'affranchissement de la réponse.

---

29. Autres règles de bienséance

Lorsqu'on présente ou qu'on reçoit quelque chose dans une réunion, on doit s'incliner légèrement ; il ne faut rien donner ni accepter en passant la main ou en allongeant le bras devant quelqu'un, sans qu'il y ait nécessité et sans en demander pardon. Si la personne est trop éloignée, il convient de prier celle qui en est plus rapprochée de vouloir bien faire passer la chose qu'on demande et que l'on envoie.

Dans la ville, on ne doit saluer que ceux que l'on connaît et les personnes distinguées par quelques marques honorables; à la campagne il est assez d'usage de saluer tout le monde. On doit se détourner dans le chemin ou dans la rue quand la personne qui passe est au-dessus de nous, et lui donner le côté des maisons.

Il ne faut jamais demander à quelqu'un au-dessus de nous : *D'où venez-vous? où allez-vous?* C'est une curiosité impertinente.

C'est une incivilité de se retourner en marchant ou de s'arrêter pour regarder fixement une personne, d'examiner si elle salue; et l'on ne saurait excuser la liberté que quelques-uns se donnent de critiquer la démarche, l'habillement et le maintien des autres.

Quand on se chauffe, il faut être assis ou debout, ne point s'appuyer sur la cheminée, encore moins y tourner le dos. On ne doit pas s'emparer de la cheminée en sorte que les autres ne puissent approcher du feu.

On doit éviter de dire le prix de ce qu'on donne en cadeau, de le faire valoir, d'en reparler, dans la crainte de se donner un air d'importance ou de reproche. Il en doit être ainsi de toute espèce de bienfaits.

Lorsque quelqu'un de connaissance a oublié un objet à son usage, comme un mouchoir, un parapluie, etc., on doit s'empresser, si l'on est chez soi, de le lui offrir, et insister même en cas de refus.

Un objet prêté de cette manière doit être renvoyé immédiatement, à moins que ce ne soit du linge, qu'on ne rend jamais qu'après l'avoir fait blanchir. Il ne faut point courir dans les rues, mais on doit composer le pas de manière qu'on ne marche ni trop vite ni trop lentement; c'est une étourderie de regarder sans cesse de côté et d'autre en marchant, d'examiner à chaque pas ce que l'on voit.

Dans les voyages, on doit être complaisant pour tout le monde, et ne pas témoigner de la mauvaise humeur pendant la route, ni ennuyer par des plaintes continuelles ceux avec qui l'on voyage.

En montant dans la voiture publique, chacun prend sa place suivant l'ordre d'inscription sur le registre. Mais un jeune homme qui remarquerait parmi ses compagnons de voyage une personne âgée ne doit pas manquer de lui offrir sa place quand il la voit plus commode.

En toutes choses, on doit éviter avec soin de se rendre incommode aux autres, et de ne s'occuper qu'à chercher ses aises.

On ne doit parler qu'autant que la politesse l'exige, et ne parler jamais de soi.

Il faut être toujours poli avec tout le monde ; mais il est nécessaire de se prémunir contre cette sorte d'intimité qui s'établit si promptement dans une voiture publique, et qui doit finir presque toujours au terme du voyage. On ne saurait être trop prudent et trop réservé à cet égard.

Au terme du voyage, un salut et quelques souhaits de simple politesse suffisent pour prendre congé de ses compagnons de route.

RÉSUMÉ

1. La politesse consiste à être aussi bon, aussi aimable avec les autres que nous voudrions qu'ils le fussent pour nous, et à ne jamais choquer les usages reçus dans le monde.

2. La vraie politesse n'est embarrassante pour personne; elle met tout le monde à son aise, et laisse la liberté à chacun.

3. Il faut être poli avec tout le monde, même avec les hommes les plus brutaux et les plus grossiers; car c'est le vrai moyen de les faire rougir de leur brutalité, et quelquefois de les corriger.

4. Ne voyez les faiblesses et les défauts de personne; soyez prudent, discret, réservé et surtout indulgent; car qui n'a pas besoin d'indulgence?

5. Ne fréquentez dans l'intimité que des gens polis, car les bonnes et les mauvaises passions sont également contagieuses.

6. La politesse est à l'esprit
Ce que la grâce est au visage;
De la bonté du cœur elle est la douce image,
Et c'est la bonté qu'on chérit.

NOTIONS D'HYGIÈNE

L'hygiène est l'art de conserver la santé et de préserver des maladies.

Les préceptes de l'hygiène se rapportent principalement à l'air que nous respirons, aux aliments et aux boissons qui servent à notre nourriture, aux lieux que nous habitons, à notre manière de vivre, à nos habitudes, aux passions qui nous agitent, etc. Comme vous le voyez, l'hygiène embrasse notre existence tout entière : elle nous apprend à connaître les conditions les plus favorables à notre organisation et à écarter les choses nuisibles.

4. De l'air

L'air est un fluide répandu autour de nous, qui pénètre continuellement dans nos poumons pour y vivifier le sang qui parcourt ces organes. L'air est absolument nécessaire. Si l'homme cessait de le respirer pendant quelques minutes, sa vie serait gravement compromise et ne tarderait pas à s'éteindre, à moins qu'on ne lui rendît promptement le premier et le plus indispensable de tous ses aliments.

L'air le plus convenable à la santé est celui des lieux un peu élevés, des larges plaines ou des vallées bien ouvertes.

Sur les plus hautes montagnes du globe, l'air est trop léger, trop peu condensé ; ces conditions y rendent la respiration très difficile. Dans les lieux bas et marécageux, des exhalaisons de mauvaise nature, des miasmes altèrent la pureté de l'air et deviennent la cause de diverses maladies.

On est mal à son aise quand on est dans une chambre où il y a beaucoup de monde ; on a hâte d'en sortir et de respirer l'air pur. Quand plusieurs hommes se trouvent réunis ou couchent dans une même chambre, il faut avoir soin d'en ouvrir soir et matin les fenêtres et la porte pendant quelques heures afin d'en renouveler l'air. Mais tous les hommes ne le font pas. En hiver et en automne la plupart disent : C'est dommage de laisser échapper la bonne chaleur ; en été ils auront d'autres raisons pour ne pas le faire. Mais ne vaut-il pas mieux avoir un peu froid que de devenir malade ?

La vapeur des lampes, des chandelles, du linge qu'on repasse, les émanations de la laine qu'on carde et la vapeur du charbon de bois que l'on brûle corrompent l'air bien rapidement ; non-seulement on court risque de tomber malade, mais encore de s'asphyxier. On peut purifier l'air en étendant dans une certaine quantité d'eau du chlorure de chaux et de soude, substance qu'on trouve chez tous les pharmaciens, et en laissant évaporer cette liqueur dans le lieu infecté. Le meilleur moyen, c'est de renouveler l'air très souvent, de carder la laine en plein air et de repasser le linge en tenant une fenêtre ouverte. Celui qui repose dans une chambre où l'on a mis du linge sécher s'expose au danger de mourir d'apoplexie ou du moins d'avoir de grands maux de tête.

Les odeurs des fleurs, les murs nouvellement construits ou recrépis et les boiseries nouvellement peintes sont aussi nuisibles à la santé.

Dans certaines grottes naturelles, et dans les lieux où l'on fait fermenter la vendange, il se développe un gaz tout à fait impropre à la respiration, et qui asphyxie promptement ceux qui se plongent dans son atmosphère. Comme ce gaz, nommé par les chimistes *acide carbonique*, est boucoup plus pesant que l'air, il jouit de la propriété de se porter toujours en bas et d'occuper les lieux enfoncés. D'après cela, on empêchera son accumulation dans les cuvages en établissant ceux-ci au dessus du sol, ou du moins à son niveau, en favorisant par de larges ouvertures l'entrée de l'air extérieur et l'écoulement du gaz méphitique.

On devra toujours se munir d'une lumière pour entrer dans les lieux ou l'on fait fermenter le raisin : si la lumière ne s'éteint pas, on n'a aucun danger à craindre.

Un gaz un peu différent, mais tout aussi dangereux, se développe dans les chambres fermées où l'on brûle du charbon de bois et même de la braise.

Le gaz méphitique qui se dégage des lieux d'aisance peut donner la mort subitement.

---

2. Des aliments

Nous tirons nos aliments de la chair des animaux, du lait, du beurre et d'autres produits qu'ils nous fournissent ; nous les tirons aussi des herbages, des légumes, des fruits qui nous sont donnés par les plantes. Quoique dans certaines contrées de la terre on trouve des hommes qui s'accommodent très bien d'une nourriture purement animale, ou toute végétale, il paraît qu'un mélange de ces deux espèces de nourriture est celui qui convient le mieux à notre organisation. Les aliments, pour être rendus d'une digestion plus facile, doivent subir des préparations diverses, telles que la coction, etc. Les assaisonnements dont on les aiguise souvent sont utiles. C'est par eux que les aliments excitent l'organe du goût, provoquent l'afflux de la salive dont le mélange est si favorable à la digestion. Mais ces condiments, pour être salutaires, ne doivent être employés que dans certaines proportions et avec réserve. Mélangés en trop grande quantité à nos aliments, ils irriteraient à la longue les membranes de l'estomac, les disposeraient à des inflammations chroniques, et altéreraient les fonctions importantes qui leur sont confiées. C'est ainsi que la moutarde, le poivre, pris d'une manière abusive, les sauces de haut goût affaiblissent les forces digestives après les avoir trop excitées.

Notre nourriture doit être modifiée suivant les saisons : la nature nous l'indique elle-même en nous faisant désirer telle ou telle sorte d'aliments. En été nous éprouvons un goût prononcé pour les aliments végétaux, pour les fruits dont l'usage est très propre à éloigner le développement des irritations gastriques et des autres affections que l'action de la chaleur fait naître. Pendant l'hiver nous préférons une nourriture animale, et avec raison, car l'assimilation des substances animales développe beaucoup de chaleur ; la digestion s'en fait moins rapidement, soutient les forces d'une manière plus énergique, et nous rend plus capables de résister à l'influence d'un élément rigoureux.

Dans tous les temps, certaines plantes rafraîchissantes, comme le cresson, la laitue, sont salutaires, et peuvent nous prémunir contre des maladies.

Les aliments de mauvaise qualité, les viandes gâtées, le pain auquel on a mêlé de l'ivraie ou du seigle ergoté, développent de mauvaises fièvres, le scorbut, peuvent même empoisonner. Les fruits verts donnent le dévoiement, des crampes d'estomac, etc. L'usage prolongé des viandes salées est toujours préjudiciable à la santé. Il est très dangereux de manger des viandes de poissons trouvés morts, d'animaux fatigués par une longue route, morts à la suite de maladies, surtout de maladies pestilentielles comme le charbon.

L'influence délétère de cette dernière maladie peut même atteindre le boucher qui dépècerait l'animal, et le tanneur qui préparerait son cuir.

Le pain quand il est encore chaud, la pâtisserie sont toutes choses très malsaines et très difficiles à digérer.

***

3. Des boissons

La base de toute boisson, la boisson par excellence, c'est l'eau. La meilleure est celle qui a coulé plus ou moins long-temps à l'air libre, et a pu absorber et retenir une partie de ce fluide. L'eau qui n'a jamais eu le contact de l'air, ou qui a été privée par l'ébullition de celui qu'elle avait absorbé, est crue et se digère avec peine. Avant de s'en servir il faudra l'agiter à l'air.

Souvent des eaux de puits et certaines eaux de sources sont tellement chargées de sel en dissolution, qu'elles provo-quent le dévoiement et d'autres incommodités, en même temps qu'elles sont impropres à la préparation des aliments. Ces eaux dissolvent mal le savon et cuisent difficilement les légumes ; elles doivent être rejetées de l'usage habituel.

On ne doit pas non plus faire sa boisson d'eaux situées près des égoûts, des latrines, de celle de citernes et de puits très profonds, en un mot d'une eau qui ne sera pas fraîche, limpide et sans odeur. L'usage des eaux corrompues ou souil-lées de diverses impuretés serait funeste. Lorsqu'on est forcé de s'en servir, on peut les clarifier et les rendre très potables en les filtrant à travers du sable fin ou de la poussière de charbon.

L'eau pure est peut-être la meilleure des boissons. Néan-moins l'usage des boissons fermentées, pendant le repas, n'est nullement préjudiciable. Le vin, pris en petite quantité ou coupé avec de l'eau, sert à stimuler légèrement l'estomac et à entretenir avantageusement les forces des hommes occupés à des travaux fatigants. Mais l'usage immodéré des liqueurs fermentées, ainsi que l'ivresse qui en résulte, sont aussi funestes à la santé qu'ils sont contraires à la dignité de l'homme et au respect qu'il se doit à lui-même. Les ivrognes périssent ordinairement de bonne heure ; des attaques d'apoplexie, la paralysie, l'imbécillité ne sont que trop fréquemment les suites de leurs funestes habitudes.

Sans aller même jusqu'au degré de l'ivrognerie, il faut dire que les boissons fermentées sont nuisibles prises entre les repas et sans nécessité, à moins que, coupées avec de l'eau, elles ne soient destinées, dans la saison de l'été, à étancher la soif sans affaiblir les forces déjà débilitées dans les fortes chaleurs.

Rien de dangereux comme de prendre des boissons froides lorsque le corps est arrosé de sueur, ou avant d'avoir pris un peu de repos. Bien des personnes ont payé par des maladies graves, quelquefois mortelles, le plaisir d'avoir étanché leur soif à des fontaines glacées. La plupart des fluxions de poitrine n'ont pas d'autre origine.

----

4. Du sommeil

Celui qui veut dormir tranquillement ne doit pas se coucher avec un estomac plein, ni après avoir pris des boissons échauffantes ; il doit s'être fatigué par le travail pendant le jour, et avoir une bonne conscience. Un sommeil tranquille nous est nécessaire, car il répare les forces et répand la sérénité dans l'âme.

La chambre à coucher ne doit être ni basse ni chaude, mais froide, élevée et bien aérée. Il faut par conséquent en tenir les fenêtres ouvertes pendant le jour, et ne pas avoir de rideaux autour du lit : les rideaux emprisonnent l'air que vous respirez, et retiennent toutes les émanations malsaines qui se répandent autour de vous.

La durée du sommeil doit varier selon vos occupations, votre âge : à un homme jouissant d'une bonne santé il faut six à huit heures ; aux personnes faibles, aux enfants, huit à dix heures sont nécessaires. Qu'une activité mal entendue ne vous fasse pas sacrifier habituellement les heures de repos que la nature vous demande : vous ne le feriez pas sans vous en ressentir ; quelques heures de plus que vous y gagneriez ne valent pas la perte de votre santé. Qu'on ne s'imagine pas non plus qu'il soit indifférent de donner au sommeil, pendant le jour, ce qu'on lui refuse la nuit : l'expérience a prouvé qu'on ne pouvait, sans nuire à la santé, remplacer l'un par l'autre.

Un sommeil trop prolongé énerve l'esprit et les forces ; les dormeurs ne deviennent pas vieux et tombent souvent dans un engourdissement qui les mène à une apoplexie mortelle.

---

5. Des vêtements

Il faut régler les vêtements selon les saisons, et surtout selon son état de santé. Il est bon de ne pas s'habituer dès son enfance à des vêtements très chauds, afin d'endurcir le corps ; il est nuisible de se vêtir trop chaudement : les vêtements trop chauds mettent le corps en transpiration au moindre mouvement ; ils rendent la respiration difficile et exposent au danger de se refroidir.

Il y a quelquefois des jours en été où il fait froid ; il faut alors se vêtir aussi chaudement qu'en hiver. Les habillements d'été sont en général nuisibles dans les contrées où la température est variable, et où souvent une journée chaude est suivie d'une soirée froide.

Tout vêtement trop juste est nuisible : il gêne le développement du corps ; il est surtout très nuisible de trop serrer les jarretières. Quand on a beaucoup de cheveux, il est inutile de se couvrir la tête, excepté pour se garantir du soleil. On peut laisser les plus petits enfants tête nue en plein air, sans qu'il y ait le moindre danger ; rien n'est plus pernicieux que de leur couvrir la tête de bonnets de laine ou de fourrures. Cela rend les enfants malades, leur donne de la vermine, des fluxions, des douleurs de dents et de tête, et surtout des maux d'yeux. Ils ne devraient porter ni chapeau ni casquette quand ils sont d'une santé robuste.

Il est nuisible de trop serrer ses cravates : cela empêche le sang de circuler librement ; il est très salutaire au contraire de ne pas mettre de cravate. Il faut tenir le bas-ventre bien chaud. Les coliques, la dyssenterie peuvent provenir du refroidissement du bas-ventre. Il faut également tenir les pieds chauds et les garantir de l'humidité.

Les souliers étroits ou trop courts font naître les cors, les durillons. Il faut encore se garder de mettre des vêtements qui ont été portés par des malades, quand leur maladie est contagieuse.

---

6. Des habitations

Les maisons, pour être saines, doivent être percées le plus possible de croisées élevées, surtout aux aspects du levant et du midi. Le rez-de-chaussée doit être élevé au-dessus du sol, principalement dans les lieux bas et humides.

Une précaution assez importante pour ne pas être négligée, c'est de ne pas habiter une maison récemment construite, des chambres nouvellement blanchies : des rhumatismes et souvent des maladies plus dangereuses ont été la suite de cette imprudence.

Sous le rapport des habitations, l'habitant des villes est moins favorablement partagé que celui des campagnes. Obligé de vivre dans les rues étroites, où l'air, qui ne peut circuler, se charge de toutes sortes d'émanations malfaisantes, trop souvent le pauvre artisan y occupe des logements bas et humides, que n'éclaire jamais un rayon de soleil, et dont l'insalubrité développe chez lui et les siens les maladies scrofuleuses les plus opiniâtres et les plus cruelles.

L'habitant des campagnes, qui pourrait jouir d'un air aussi pur que salutaire, ne profite pas des avantages de sa situation. Il encombre le voisinage de ses maisons de mares croupissantes, de fumiers qui empoisonnent l'air qu'ils respirent et engendrent des fièvres putrides et d'autres maladies graves. On voit des ménages où règne la plus repoussante malpropreté, les animaux habitant pêle-mêle avec les hommes.

Voulez-vous avoir des habitations saines, abritez-les le plus possible des vents froids et humides ; ne les construisez pas près des cimetières, des marais, etc.; ne les entourez pas de plantations ni de murs trop hauts, qui empêcheraient le renouvellement de l'air et entretiendraient l'humidité ; que vos chambres soient vastes, les croisées largement ouvertes, et le rez-de-chaussée, comme nous l'avons déjà dit, plus élevé au-dessus du sol qu'on ne le fait ordinairement.

7. De la conservation de notre être

Nous devons avoir un très grand soin des sens que le Créateur nous a donnés ; car le malheureux qui a perdu la vue, ou l'ouïe, ou l'odorat, est obligé de se priver de bien des plaisirs et de souffrir beaucoup. Rien n'est plus nuisible à ses sens que de se couvrir trop chaudement la tête ; car cela y fait affluer le sang, et il en résulte des fluxions, des abcès qui peuvent occasionner la cécité et la surdité.

Une lumière trop vive et inégale nuit beaucoup à la vue ; quand vous travaillez, gardez-vous donc d'avoir le visage tourné vers un mur blanc sur lequel donne le soleil, ou de vous placer, en lisant, de manière que le soleil donne sur le livre. Il est très nuisible aussi de placer le lit de manière que le jour tombe directement sur les yeux. Evitez de vous arrêter longtemps dans une atmosphère remplie de poussière ou de fumée, ou de vapeurs humides, ou de faire à un demi-jour des travaux qui demandent une grande application des yeux.

Les détonations fortes et inattendues, l'air corrompu, les lits de plume, une grande quantité de mucosités dans les narines et les oreilles nuisent à l'ouïe. Il est également très nuisible de serrer les oreilles par les casquettes et les bonnets.

Les mets trop épicés, l'habitude de fumer, de boire de l'eau-de-vie et du vin avec excès altèrent le goût.

Il est dangereux d'échauffer au poële ou au feu les mains engourdies par le froid : il faut les échauffer en les frottant l'une contre l'autre.

Les dents demandent aussi des soins particuliers ; car elles sont nécessaires pour parler distinctement et pour bien triturer ou mâcher les aliments.

La santé et la perfection du corps constituent la véritable

beauté de l'homme et de la femme ; toute autre beauté inventée par la vanité est trompeuse et laisse des traces déplorables.

Il faut donc veiller à sa santé et exercer le corps à faire avec précaution toutes sortes de mouvements difficiles, qui donnent de la souplesse, de la grâce et de la force. Tous les enfants ne peuvent pas se livrer aux exercices gymnastiques ; mais tous peuvent s'habituer à tenir le corps droit, à écarter les épaules, à avancer la poitrine et à porter la tête droite. Il est très vilain, au contraire, de marcher nonchalamment, de marcher courbé, de rentrer les épaules, de laisser pencher la tête sur la poitrine.

La propreté contribue puissamment à l'entretien de la santé. On doit se laver avec soin non-seulement le visage, les mains et les pieds, mais encore tout le corps. Il serait donc à désirer qu'il y eût dans tous les villages des établissements de bains, et que l'habitude de se baigner devînt générale. Les bains seuls tiennent la peau assez propre pour que la transpiration se fasse convenablement.

Mais, quelles que soient votre santé et votre beauté, si vous êtes colères, vindicatifs, querelleurs, entêtés, ou si vous êtes désobéissants et paresseux, aucun homme raisonnable ne vous aimera parce que vous êtes beaux et bien portants. Vous devez donc perfectionner votre âme avec le même soin que votre corps.

PRÉCEPTES D'HYGIÈNE

1. L'air, l'eau, la lumière et la chaleur sont indispensables à la santé.

2. Renouvelez fréquemment l'air de vos appartements.

3. Craignez la vapeur du charbon : elle est mortelle.

4. Evitez avec soin les refroidissements subits.

5. La propreté est la mère de la santé.

6. Changez de linge deux fois par semaine.

7. Prenez souvent des bains tièdes ou froids, selon la saison.

8. Prenez des bains de pieds au moins toutes les semaines.

9. Lavez votre visage et peignez vos cheveux tous les jours.

10. Lavez-vous les mains avant chaque repas.

11. L'intempérance est la source de bien des maux.

12. Ne buvez pas trop, car on en meurt quelquefois.

13. L'eau pure est la meilleure des boissons.

14. Usez du vin comme du sel, c'est-à-dire n'en prenez pas trop, et vous conserverez votre raison et votre santé.

15. Ne buvez jamais froid quand vous êtes en sueur.

16. Le sommeil est indispensable à l'existence.

17. Les veilles trop prolongées détruisent la santé.

18. Ne dormez pas en plein air sur la terre fraîche, surtout à l'ombre.

19. Un exercice modéré est nécessaire à l'entretien de la santé.

20. La colère est une maladie de l'âme, des plus dangereuses pour le corps : elle enflamme le sang, agite le cœur, ébranle les nerfs et le cerveau ; elle peut rendre fou, imbécile, et faire mourir subitement.

EXERCICES DE MEMOIRE

POÉSIES RELIGIEUSES

1. LA PRIÈRE D'UN ENFANT

Petit Jésus! toi dont l'image
Est au dessus de mon berceau,
Toi dont le regard doux et beau
Me sourit lorsque je suis sage ;

Toi qui veilles sur mon bonheur,
Sur mes besoins, sur mon enfance ;
Qui m'as béni dès ma naissance!
Jésus! je te donne mon cœur.

« Hélas! me dit souvent ma mère,
» Tant de pauvres petits enfants
» N'ont d'autre oreiller que la pierre,
» D'autre lit que l'herbe des champs! »

Moi, quand vient l'heure où l'on sommeille,
Je m'endors dans mon lit bien chaud ;
Ma mère est près de mon berceau
Et me sourit quand je m'éveille.

Souvent je vois un pauvre enfant
Qui marche pieds nus sur la terre,
Et qui me dit en sanglotant :
« Donnez! donnez!... c'est pour ma mère! »

Mais moi je n'ai besoin de rien :
Je suis heureux dans ma demeure,
Et je ne dis jamais : « J'ai faim ! »
Comme le pauvre enfant qui pleure.

Doux Jésus ! qui vins autrefois
Petit et faible sur la terre !
Pour les bienfaits que je te dois,
Je veux t'aimer ma vie entière.

Je veux être docile et doux,
Etre bien sage, aimer ma mère...
Et puis chaque jour, à genoux,
Jésus, je ferai ma prière.

Michel Moring.

2. PRIÈRE DU MATIN

Mon Dieu, qui pouvez tout, écoutez la prière
D'une petite fille humblement à genoux ;
Car on dit ici-bas tout est larme et misère
Quand votre main, Seigneur, se retire de nous.

Je ne demande pas ce que donne la terre
Aux enfants comme moi ; j'implore un meilleur don :
Accordez du bonheur à mon père, à ma mère,
Qui m'apprennent tous deux à bénir votre nom.

Pour les autres aussi souffrez que je vous prie ;
Il est des malheureux sans asile et sans pain :
Secourez, ô bon Dieu ! leur misérable vie,
Car un jour est bien long, bien long quand on a faim.

Puis il est des enfants isolés sur la terre
Qui tout petits encor n'ont déjà plus de mère ;
Donnez à ces enfants un bon ange gardien
Qui dirige leur pas dans la route du bien.

Faites que je sois bonne, ô Dieu ! que je réponde
Aux vœux de mes parents ; qu'enfant douce et pieuse,
Je fasse bien longtemps leur bonheur en ce monde,
Pour qu'un jour à venir je les rejoigne heureux.

Virginie ORSINI.

---

3. PRIÈRE DU SOIR.

Déjà de la plaine
Une ombre incertaine
Brunit le contour ;
L'étoile rayonne,
La prière sonne,
C'est la fin du jour.

La nuit est tranquille
Pour l'enfant docile ;
Dieu ferme ses yeux,
Et l'ange qui veille
Chante à son oreille
Un concert des cieux.

Ange de lumière,
Guidez ma prière ;
Car en vous j'ai foi.
Cachez sous votre aile
Mon âme immortelle,
Et veillez sur moi.

4. PROTÈGE-MOI

Ange gardien que j'aime,
Je te prie ici-bas ;
Dans ma ferveur suprême
Ne m'abandonne pas ;
Que ton regard sincère
Rassure encor le mien ;
Protège-moi sur terre,
O mon ange gardien !...

Comme une blanche flamme
Tu brilles dans les cieux ;
Vers toi vole mon âme
Dans un transport pieux.
A tout je te préfère ;
T'aimer fait tout mon bien ;
Protège-moi sur terre,
O mon ange gardien !...

Je te donne ma vie,
A toi seul mes beaux jours !
Combien je suis ravie
En t'implorant toujours !
Dans un chaste mystère
Unis mon cœur au tien ;
Protège-moi sur terre,
O mon ange gardien !

A. FAVRE.

5. PRIÈRE DE L'ORPHELIN

Où sont, mon Dieu, ceux qui devaient sur terre
Guider mes pas ?
Tous les enfants ont un père, une mère !
Je n'en ai pas.
Mais votre voix murmure à mon oreille :
« Lève les yeux !
» Pour l'orphelin un père est là qui veille
» Du haut des cieux ! »

A. Tastu.

---

6. LA PRIÈRE

Heureux celui qui sait prier !
Heureux celui dont la jeune âme,
Brûlant d'une céleste flamme,
S'élève vers son Dieu pour le glorifier !

Quand l'astre du matin ramène la lumière,
J'admire son éclat, je bénis son retour,
Et, le front incliné, j'adresse ma prière
Au Créateur du jour.

Lorsque l'ombre descend du sommet des montagnes,
Quand le doux astre qui la suit
D'un bleuâtre reflet colore nos campagnes,
J'adore l'auteur de la nuit.

Qu'il est grand, qu'il est bon, le Dieu qui fit le monde,
Le Dieu qui fut mon créateur,
Qui daigne parler à mon cœur
Et permet que je lui réponde !

De quels maux puis-je être accablé
Lorsque je sens qu'il entend ma prière ?
Est-il quelque douleur amère
Dont, en priant, je ne sois consolé ?

Quels plaisirs pourraient me séduire,
S'ils offensaient ce Dieu si bon ?
Avec un cœur rebelle à son divin empire
Oserais-je invoquer son nom ?

Oh ! oui, je l'oserais encore !
Ses bras sont ceux d'un père, ouverts au repentir,
Et le coupable qui l'implore
Est un fils égaré qui veut lui revenir.

Et quand ce fils se prosterne et supplie,
Le chœur des chérubins se met à l'unisson :
« Voyez, dit-il, le pécheur prie,
» Entonnons l'hymne du pardon. »

Don sublime ! sainte prière !
Toi qui te fais entendre à toute heure, en tous lieux ;
Lien du ciel avec la terre,
Quelle âme n'a senti ton charme précieux ?

Qu'es-tu, sinon la voix de l'innocence,
Le regard du pécheur élevé vers les cieux,
Le cri de la reconnaissance,
Ou le soupir du malheureux ?

7. HOMMAGE D'UN ENFANT A SON CRÉATEUR

Je ne suis qu'un enfant encore,
Mais je veux louer le Seigneur ;
D'un Dieu si bon que tout adore,
Je veux célébrer la grandeur.
C'est lui qui donne la lumière
A l'astre qui règle le jour,
Et l'astre qui, la nuit, éclaire encor la terre,
Est un présent de son amour.
C'est lui qui donne la naissance
A tous ces animaux divers,
Semés avec magnificence
Dans tous les coins de l'univers.
Il a fait la baleine immense
Qui plonge dans les vastes mers ;
L'insecte lui doit l'existence,
Comme l'aigle qui fend les airs.
Ce riant tapis de verdure
Qui pare si bien nos bosquets,
Ce zéphir dont l'haleine pure
En rend les ombrages si frais,
Ces œillets, ces lis et ces roses,
Répandant des parfums si doux,
Ces fruits délicieux..., tant d'admirables choses,
Ce Dieu les fit toutes pour nous.
Dans mon berceau couché naguère,
Muet et privé de raison,
De ce bienfaiteur de la terre
Je ne connaissais pas le nom.
Mais ma raison commence à naître :
De mon Dieu je parle aujourd'hui...

Ma mère en ses leçons me l'a bien fait connaître :
    Je veux me consacrer à lui !
    Tout le bénit dans la nature,
    Tout me parle de sa bonté,
    Jusqu'au ruisseau dont le murmure
    Réjouit mon cœur enchanté.
    Les petits oiseaux du bocage
    Le chantent sur les verts rameaux :
Désormais, chaque jour, je joindrai mon hommage
    A celui des petits oiseaux.

    Dans son sein que Dieu m'appelle,
    Aussitôt sans crainte j'irai ;
    A ses ordres toujours fidèle,
    Qu'il commande, j'obéirai.
    Si ma raison se fortifie,
    Un jour, bien mieux je le louerai,
Et tant qu'il daignera me conserver la vie,
    Non, jamais je ne l'oublierai.

Blondeau de Commercy.

---

8. Consolations de l'orphelin

    Je ne suis pas seul sur la terre.
    Quand je pense au ciel, bonne mère,
    Il me semble que je t'y vois ;
    Et la nuit lorsque je sommeille,
    N'ai-je pas le bon Dieu qui veille
        Sur moi ?

    N'ai-je pas un ange qui m'aime,
    Envoyé du Seigneur lui-même,
    Afin d'éclairer mon chemin ?

De l'aile abritant ma jeunesse,
N'offre-t-il pas à ma faiblesse
      Sa main ?

N'ai-je pas la vierge Marie
Qui, m'a-t-on dit, sans cesse prie
Pour nous autres, pauvres petits ?
Mon cœur en son pouvoir espère,
Car elle prie, heureuse Mère,
      Son Fils.

Puis au Ciel n'ai-je pas encore,
Entre tous les saints que j'implore,
Le saint dont je porte le nom ?
N'ai-je pas le Sauveur lui-même ?
Lui, malgré son pouvoir suprême,
      Si bon !

Je ne suis pas seul sur la terre.
Quand je pense au Ciel, bonne mère,
Il me semble que je t'y vois ;
Et la nuit, lorsque je sommeille,
N'ai-je pas le bon Dieu qui veille
      Sur moi ?

BEUZEVILLE.

POÉSIES DIVERSES

9. LE RÉVEIL DU LABOUREUR

Hors du lit ! il est temps : du coq la voix s'éveille,
Le vent du matin souffle, et l'oiseau chante aux bois.
Le ciel brille des feux de l'aurore vermeille ;
A l'approche du travail, levez-vous, villageois !

Compagnons, armez-vous, et qu'on marche à l'ouvrage,
Le râteau sur l'épaule ou la bêche à la main :
Au jardin, à la vigne, aux champs, au pâturage.
L'heure sonne, debout, et gaîment en chemin !

Quand le grain répandu va germer, près d'éclore,
Elevons vers le Ciel nos cœurs et nôtre esprit.
C'est Dieu qui donne aux blés le soleil qui les dore,
Et le vent qui les berce, et l'eau qui les nourrit.

Que nos mâles accents s'unissent avec joie
A ce vaste concert de la terre et des cieux.
Lorsqu'au bruit des chansons le travail se déploie,
La tâche va plus vite et le travail vaut mieux.

---

10. LE MATIN

Viens, enfant, viens : la terre est réveillée,
Le soleil luit à travers la feuillée ;
La pervenche scintille au fond des vallons verts,
Et le printemps s'exhale en parfums dans les airs.
Admire autour de toi cette belle verdure,
Cet air pur, les oiseaux, chantres mélodieux,
L'insecte aux ailes d'or, le ruisseau qui murmure,
Et le dôme azuré des cieux.

Dieu nous a tout donné ; dis, pour un si bon père
Que voudrais-tu faire à ton tour ?
Il te demande, enfant, ta plus douce prière
Et l'hommage de ton amour !

G. MASSON.

---

11. LES QUATRE PARTIES DU JOUR

Le matin au soleil a rendu son empire,
Tout s'éveille et tout rit à sa fraîche clarté :
Quand, avec la lumière, il répand la beauté,
    C'est Dieu que je crois voir sourire
    Dans sa grâce et dans sa bonté.

Midi le fait monter sur son trône de flamme ;
L'œil n'en peut plus alors soutenir la splendeur,
Et je dis, accablé de sa puissante ardeur,
    C'est Dieu qui pénètre mon âme
    Du sentiment de sa grandeur.

Le soir, vers l'horizon sa course descendue
De ces sommets lointains semble chercher l'appui ;
Son front découronné d'un feu plus doux a lui :
    C'est Dieu qui permet que ma vue
    Ose s'élever jusqu'à lui.

La nuit d'un crêpe noir enveloppe la terre ;
Son souffle éteint du jour le radieux flambeau ;
Quand le monde muet semble un vaste tombeau,
    C'est Dieu qui parle en ce mystère,
    Et nous promet un jour plus beau.

---

12. LA PETITE FILLE BIENFAISANTE

La jeune Rosine à l'école
S'en allait gaîment un matin,
Un vieillard que la faim désole
Se présente sur son chemin.

« Oh ! lui dit-il, chère petite,
» Un liard pour acheter du pain ! »
Elle ouvre sa bourse bien vite ;
Mais point d'argent ! Ah ! quel chagrin !

Que fait Rosine ? Bonne et sage,
Rosine montre alors son cœur,
Prend son déjeuner, le partage
Avec l'homme dans la douleur.

« Tenez, vieillard, je vous soulage,
» Dit-elle, autant que je le peux !
» J'en voudrais avoir davantage,
» Car vous êtes bien malheureux. »

Puis elle poursuivit sa route,
L'air joyeux et le cœur content ;
Tout bas elle disait sans doute :
« Comme un bienfait est doux, pourtant ! »

---

13. L'OREILLER D'UN ENFANT

Cher petit oreiller, doux et chaud sous ma tête,
Plein de plume choisie, et blanc ! et fait pour moi !
Quand on a peur du vent, des loups, de la tempête,
Cher petit oreiller, que je dors bien sur toi !

Beaucoup, beaucoup d'enfants pauvres et nus, sans mère,
Sans maison, n'ont jamais d'oreiller pour dormir ;
Ils ont toujours sommeil. O destinée amère !
Maman ! douce maman ! cela me fait gémir.

Et quand j'ai prié Dieu pour tous ces petits anges
Qui n'ont pas d'oreiller, moi, j'embrasse le mien ;
Seule, dans un bon lit, qu'à tes pieds tu m'arranges,
Je te bénis, ma mère, et je touche le tien.

Je ne m'éveillerai qu'à la lueur première
De l'aube, au rideau bleu : c'est si gai de la voir !
Je vais dire tout bas ma plus tendre prière ;
Donne encore un baiser, douce maman ; bonsoir !

Prière

Dieu des enfants ! le cœur d'une petite fille,
Plein de prière, écoute, est ici sous mes mains ;
On me parle toujours d'orphelins sans famille ;
Dans l'avenir, mon Dieu, ne fais plus d'orphelins !

Laisse descendre au soir un ange qui pardonne,
Pour répondre à des voix que l'on entend gémir ;
Mets sous l'enfant perdu que la mère abandonne
Un petit oreiller qui le fera dormir !

———————

14. LA VENGEANCE

Un jour Charlot par hasard
Se voit piqué d'une abeille.
« Attendez, dit le gaillard,
» Je vous rendrai la pareille. »

Il menace en son courroux
De se venger tout-à-l'heure,
Et de sable et de cailloux
Il bombarde leur demeure.

Mais les mouches dès l'instant,
Pour leur commune défense,
Toutes sur lui se jetant,
Punissent sa violence.

« Bon ! je n'y serai plus pris, »
Dit Charlot, plein de piqûres ;
« Vos aiguillons m'ont appris
» A pardonner les injures. »

---

15. LE NID DE FAUVETTE

Je le tiens, ce nid de fauvette :
Ils sont deux, trois, quatre petits !
Depuis si longtemps je vous guette !
Pauvres oiseaux, vous voilà pris !

Criez, sifflez, petits rebelles,
Débattez-vous ; oh ! c'est en vain,
Vous n'avez pas encor vos ailes :
Comment vous sauver de ma main ?

Mais quoi ! n'entends-je pas leur mère
Qui pousse des cris douloureux !
Oui, je le vois, oui, c'est leur père
Qui vient voltiger autour d'eux.

Et c'est moi qui cause leur peine,
Moi qui, l'été, dans ces vallons,
Venais m'endormir sous un chêne
Au bruit de leurs douces chansons !

Hélas ! si du sein de ma mère
Un méchant venait me ravir,
Je le sens bien, dans sa misère
Elle n'aurait plus qu'à mourir.

Et je serais assez barbare
Pour vous arracher vos enfants !
Non, non, que rien ne vous sépare ;
Non, les voici ! je vous les rends.

Apprenez-leur dans le bocage
A voltiger auprès de vous ;
Qu'ils écoutent votre ramage
Pour former des sons aussi doux.

Et moi, dans la saison prochaine,
Je reviendrai dans ces vallons
Dormir quelquefois sous un chêne
Au bruit de leurs jeunes chansons.

BERQUIN.

---

16. CONSEIL D'UN PÈRE MOURANT A SES ENFANTS

Approchez, mes enfants, objets de ma tendresse ;
Embrassez votre père, et de sa faible voix
Recevez les conseils que son cœur vous adresse,
    Hélas ! pour la dernière fois.

Je me meurs : vers la tombe un mal cruel m'entraîne.
Je souscris sans murmure aux célestes décrets ;
Biens, honneurs et plaisirs, je quitte tout sans peine ;
    Vous seuls excitez mes regrets.

Adorez, aimez Dieu : sa bonté tutélaire,
Mieux que je n'aurais fait, réglera vos destins.
Devenez ses enfants : si vous l'avez pour père
    Vous ne serez point orphelins.

Chérissez la vertu, cultivez la science,
Ne cherchez les honneurs, fuyez la volupté,
Et, de vos revenus soulageant l'indigence,
    Amassez pour l'éternité.

N'ambitionnez pas l'orgueilleuse opulence ;
Le bonheur ne gît point au fond des coffres-forts.
La pieuse vertu, la sage tempérance,
    Voilà quels sont les vrais trésors.

Du mensonge jamais ne souillez votre bouche,
Et de la médisance abhorrez les attraits.
Détestez les conseils de la haine farouche,
    Et vengez-vous par des bienfaits.

Soyez humbles, mes fils ; ma fille, sois modeste,
Crois que la vanité de l'honneur est l'écueil,
De nous et de nos traits veux-tu voir ce qui reste ?
    Ose, un jour, ouvrir mon cercueil.

Je touche au terme heureux d'un périlleux voyage,
J'ai peu goûté la vie, et je crains peu la mort.
Plus à plaindre que moi vous quittez le rivage,
    Tandis que je surgis au port.

Mais je sens que ma voix sur mes lèvres expire...
Adieu, mes chers enfants ; vivez, vivez heureux.

Mon cœur mourant, ce cœur que la douleur déchire,
Pour vous forme encore des vœux.

Daigne le Tout-Puissant bénir vos destinées,
Vous garder le cœur pur, l'esprit bon, le corps sain,
Aux jours qu'il vous réserve ajouter mes années,
Et nous réunir dans son sein !

17. LA FÊTE D'UNE MÈRE

Toi si bonne, toi si parfaite,
Qui nous aime avec tant d'amour,
Maman, c'est aujourd'hui ta fête,
Pour les enfants quel heureux jour !
En échange de nos offrandes,
De nos chants pour toi composés,
De nos bouquets, de nos guirlandes,
Donne-nous beaucoup de baisers.

Pour toi, chaque jour, tendre mère,
Nos voix invoquent le Seigneur ;
Mais, ce matin, notre prière
Avait encor plus de ferveur.
Dieu l'exaucera : sur ta vie
Il répandra tant de bienfaits,
Tant de calme, ô mère chérie !
Que tu ne pleureras jamais.

Puis, pour que tu sois satisfaite,
Nous ferons si bien nos devoirs !
Nous dirons sans lever la tête
Notre prière tous les soirs.

Nous ne ferons plus de tapage
Dès que tu nous le défendras,
Et le plus bruyant sera sage
Aussitôt que tu le voudras.

Embrasse-nous donc, mère aimée,
Oh! presse-nous bien sur ton cœur :
C'est notre place accoutumée
Dans la joie ou dans la douleur.
Oh! le cœur d'une bonne mère,
C'est le bien le plus précieux,
Le seul bonheur que sur la terre
Dieu nous donne du haut des cieux.

---

18. LES REGARDS MATERNELS

Pour chasser les peines amères
Qui nous pressent de toute part,
Dans les yeux tendus de nos mères
Le Seigneur a mis son regard.
C'est le guide qui me devance
Et va droit au but où je cours.
Dans la vieillesse et dans l'enfance,
Regards chéris, oh! guidez-moi toujours.

Cet œil, aux yeux du premier âge,
M'entoure de regards amis,
D'un sourire au bien m'encourage,
Me console quand je gémis.
Conseiller inflexible et tendre,
Il me reprend sans long discours.
Je saurai toujours vous entendre,
Regards chéris ; oh! parlez-moi toujours.

Dans les jours où l'ennui nous tue
Sans que la mort veuille venir,
Au secours d'une âme abattue,
J'appellerai le souvenir.
Ramenez-moi dans l'insomnie
Les rêves purs de mes beaux jours ;
Comme une vision bénie,
Regards chéris, sur moi brillez toujours.

Oh! si sur la pente où trop vite,
Hélas! tant d'autres ont glissé,
Au péril qu'aujourd'hui j'évite
J'allais un jour d'un pas pressé ;
Oh! si l'orgueil, oh! si le doute
Me poussaient vers d'obscurs détours,
Pour me ramener dans ma route,
Regards chéris, appelez-moi toujours.

A. RAINGUET.

FABLES

19. FANFAN ET LE FOUET

Gâté par son papa, Fanfan criait sans cesse.
On lui donnait bonbons, jouets de toute espèce :
Soins superflus!
On lui donna le fouet, Fanfan ne cria plus.

ROSSAND.

20. LA BONNE SOCIÉTÉ

La renoncule, un jour dans un bouquet
Avec l'œillet se trouva réunie ;
Elle eut, le lendemain, le parfum de l'œillet.
On ne peut que gagner en bonne compagnie.

21. L'ENFANT ET LE CHIEN

Caniche voit Fanfan qui tenait un biscuit :
Vite il le suit, le lèche et lui donne la patte ;
Mais il lui prend bientôt son bonbon et s'enfuit.
   Méfiez-vous de l'ami qui vous flatte.

ROSSAND.

---

22. LE MARMOT ET LES RAISINS

Un marmot de dix ans, le mentor de la troupe,
Aperçoit contre un mur des grappes de raisin ;
   Vite la plus belle il la coupe,
Et tous à qui mieux mieux dépouillent ce jardin.
   Ne servez de mauvais exemple
Pour personne, encor moins pour le petit enfant :
   Il vous écoute, il vous contemple ;
Si vous faites du mal, il court en faire autant.

JOUHANNEAUD.

---

23. LE PINSON ET LA PIE

   « Apprends-moi donc une chanson,
   Demandait la bavarde pie
   A l'agréable et gai pinson,
Qui chantait au printemps sur l'épine fleurie.
   — Allez, vous vous moquez, ma mie ;
A gens de votre espèce, ah! je gagerais bien
   Que jamais on n'apprendra rien.
   — Eh quoi! la raison, je te prie?
— Mais c'est que pour s'instruire et savoir bien chanter
   Il faudrait savoir écouter ;
   Et babillard n'écouta de sa vie. »

Mme DE LA FÉRONDIÈRE.

24. LE GRILLON

Un pauvre petit grillon,
Caché dans l'herbe fleurie,
Regardait un papillon
Voltigeant dans la prairie.
L'insecte ailé brillait des plus vives couleurs ;
L'azur, la pourpre et l'or éclataient sur ses ailes ;
Jeune, beau, petit-maître, il court de fleurs en fleurs,
Prenant et quittant les plus belles.
— Ah! disait le grillon, que son sort et le mien
Sont différents! Dame Nature
Pour lui fit tout, pour moi rien.
Je n'ai point de talent, encor moins de figure ;
Nul ne prend garde à moi, l'on m'ignore ici-bas :
Autant vaudrait n'exister pas. —
Comme il parlait, dans la prairie
Arrive une troupe d'enfants :
Aussitôt les voilà courants
Après ce papillon dont ils ont tous envie.
Chapeaux, mouchoirs, bonnets, servent à l'attraper.
L'insecte vainement cherche à leur échapper,
Il devient bientôt leur conquête.
L'un le saisit par l'aile, un autre par le corps ;
Un troisième survient et le prend par la tête :
Il ne fallait pas tant d'efforts
Pour déchirer la pauvre bête.
— Oh! oh! dit le grillon, je ne suis plus fâché ;
Il en coûte trop cher pour briller dans le monde.
Combien je vais aimer ma retraite profonde! —
Pour vivre heureux vivons caché.

————

25. LES DEUX VOYAGEURS

Le compère Thomas et son ami Lubin
Allaient à pied tous deux à la ville prochaine.
    Thomas trouve sur son chemin
    Une bourse de louis pleine ;
Il l'empoche aussitôt. Lubin, d'un air content,
    Lui dit : Pour nous la bonne aubaine !
    Non, répond Thomas froidement,
Pour nous n'est pas bien dit, *pour moi* c'est différent.
Lubin ne souffle plus ; mais, en quittant la plaine,
Ils trouvent des voleurs cachés au bois voisin.
    Thomas, tremblant, et non sans cause,
Dit : Nous sommes perdus ! Non, lui répond Lubin,
Nous n'est pas le vrai mot : mais *toi* c'est autre chose.
Cela dit, il s'échappe à travers les taillis.
Immobile de peur, Thomas est bientôt pris :
    Il tire la bourse et la donne.
Qui ne songe qu'à soi quand sa fortune est bonne,
    Dans le malheur n'a point d'amis.

---

26. LES SUITES D'UNE MAUVAISE ACTION

N'abandonnez jamais le sentier de l'honneur.
Enfants, je vous le dis, malheur, cent fois malheur
    A qui fait un pas dans le crime !
Le chemin est glissant, on n'y peut s'arrêter :
    Qui se laisse une fois tenter
Est tôt ou tard entraîné dans l'abîme.
Près d'un clos entouré d'épineux arbrisseaux
   Un voyageur, passant par aventure,
    Vit un poirier dont la verdure

S'effaçait sous les fruits qui chargeaient ses rameaux.
Une poire le tente : il franchit la barrière,
Et déjà de ce fruit savoure la douceur,
Quand un chien se réveille, et ce gardien sévère
    S'élance sur le voyageur.
Contre cet ennemi qui déjà le terrasse,
Le jeune homme est contraint de défendre ses jours ;
Il redouble d'efforts, lutte, se débarrasse ;
Et sa main, d'une bêche empruntant le secours,
    Etend le dogue sur place.
Aux aboiements du chien, le maître est accouru.
Il voit son cher Azor sur la terre sanglante ;
Et, d'un destin pareil menaçant l'inconnu,
Du tube (*) meurtrier il presse la détente.
Le coup part, le plomb siffle à l'oreille tremblante
   Du voyageur qu'il n'a point abattu.
Mais cet infortuné, qu'emporte la colère,
De la bêche à son tour frappe son adversaire,
Et près de son Azor le maître est étendu.
Du criminel bientôt s'empare la justice.
Il pleure vainement son malheur et ses torts.
    Malgré ses pleurs et ses remords,
   Le voyageur est conduit au supplice :
« Hélas ! s'écriait-il, que mon sort est cruel !
» Je lègue à ma famille une affreuse mémoire,
    » Je meurs comme un vil criminel,
» Et ne voulais pourtant dérober qu'une poire ! »

                         VIENNET.

(*) D'un fusil.

---

27. LA LOCOMOTIVE ET LE CHEVAL

Un cheval vit un jour sur un chemin de fer
Une machine énorme, à la gueule enflammée,

Aux mobiles ressorts, aux longs flots de fumée.
« En vain, s'écria-t-il, ô fille de l'enfer,
» En vain tu voudrais nuire à notre renommée :
» Une palme immortelle est promise à nos fronts,
» Et toi, sous le hangar, honteuse et délaissée,
» Tu pleureras la gloire en naissant éclipsée.
» De vitesse avec moi veux-tu lutter ? » — « Luttons !
» Dit la machine ; enfin ta vanité me lasse. »
Elle roule, elle roule et dévore l'espace ;
Il galope, il galope, et d'un sabot léger
Il soulève le sable et vole dans la plaine.
Mais il se berce, hélas ! d'un espoir mensonger :
Inondé de sueur, épuisé, hors d'haleine,
Bientôt l'imprudent tombe et termine ses jours.
Et que fait sa rivale ? elle roule toujours.

La routine au progrès veut disputer l'empire ;
Le progrès toujours marche, et la routine expire.

----

28. LA CIGALE ET LA FOURMI.

La cigale ayant chanté
    Tout l'été
Se trouva fort dépourvue
Quand la bise fut venue ;
Pas un seul petit morceau
De mouche ou de vermisseau.
Elle alla crier famine
Chez la fourmi sa voisine,
La priant de lui prêter
Quelques grains pour subsister
Jusqu'à la saison nouvelle.

« Je vous paierai, lui dit-elle,
Avant l'août, foi d'animal,
Intérêt et principal. »
La fourmi n'est pas prêteuse !
C'est là son moindre défaut.
« Que faisiez-vous au temps chaud ? »
Dit-elle à cette emprunteuse.
« Nuit et jour, à tout venant,
Je chantais, ne vous déplaise.
— Vous chantiez ! j'en suis fort aise ;
Eh bien ! dansez maintenant. »

LA FONTAINE.

---

29. L'ABEILLE ET LA FOURMI

A jeun, le corps tout transi,
    Et pour cause,
Un jour d'hiver, la fourmi,
Près d'une ruche bien close,
Rôdait pleine de souci.
Une abeille vigilante
L'aperçoit et se présente.
« Que viens-tu chercher ici ? »
Lui dit-elle. — « Hélas ! ma chère, »
Répond la pauvre fourmi,
« Ne soyez pas en colère :
Le faisan mon ennemi,
A détruit ma fourmilière ;
Mon magasin est tari ;
Tous mes parents ont péri
De faim, de froid, de misère.
J'allais succomber aussi,

Quand du palais que voici
L'aspect m'a donné courage.
Je le savais bien garni
De ce bon miel, votre ouvrage ;
J'ai fait effort, j'ai fini
Par arriver sans dommage.
Oh ! me suis-je dit, ma sœur
Est fille laborieuse,
Elle est riche et généreuse ;
Elle plaindra mon malheur.
Oui, tout mon espoir repose
Dans la bonté de son cœur ;
Je demande peu de chose ;
Mais j'ai faim, j'ai froid, ma sœur ! »
— « Oh ! oh ! répondit l'abeille,
Vous discourez à merveille.
Mais, vers la fin de l'été,
La cigale m'a conté
Que vous aviez rejeté
Une demande pareille.
— Quoi ! vous savez ! — Mon Dieu, oui ,
La cigale est mon amie.
Que feriez-vous, je vous prie,
Si comme vous aujourd'hui
J'étais insensible et fière ?
Si j'allais vous inviter
A promener et chanter ?
Mais rassurez-vous, ma chère ;
Entrez, mangez à loisir,
Usez-en comme du vôtre,
Et surtout, pour l'avenir,
Apprenez à compatir
A la misère d'une autre. »

L.-P. DE JUSSIEU.

30. LES BERGERS, OU LE MENTEUR PUNI

Guillot criait au loup un jour par passe-temps.
Un tel cri mit l'alarme aux champs.
Tous les bergers du voisinage
Coururent au secours. Guillot se moqua d'eux.
Ils s'en retournèrent honteux,
Pestant contre Guillot et son vain badinage ;
Mais rira bien qui rira le dernier.
Deux jours après, un loup, avide de carnage,
Un véritable loup-cervier,
Malgré notre berger et son chien, faisait rage
Et se ruait sur le troupeau.
Au loup ! s'écria-t-il, au loup ! Tout le hameau
Rit à son tour. A d'autres, je vous prie,
Répondit-on, l'on ne nous y prend plus.
Guillot le goguenard fit des cris superflus :
On crut que c'était fourberie ;
Et le loup désola toute la bergerie.

Il est dangereux de mentir,
Même en riant et pour se divertir.

RICHER.

TABLE DES MATIÈRES

(298)

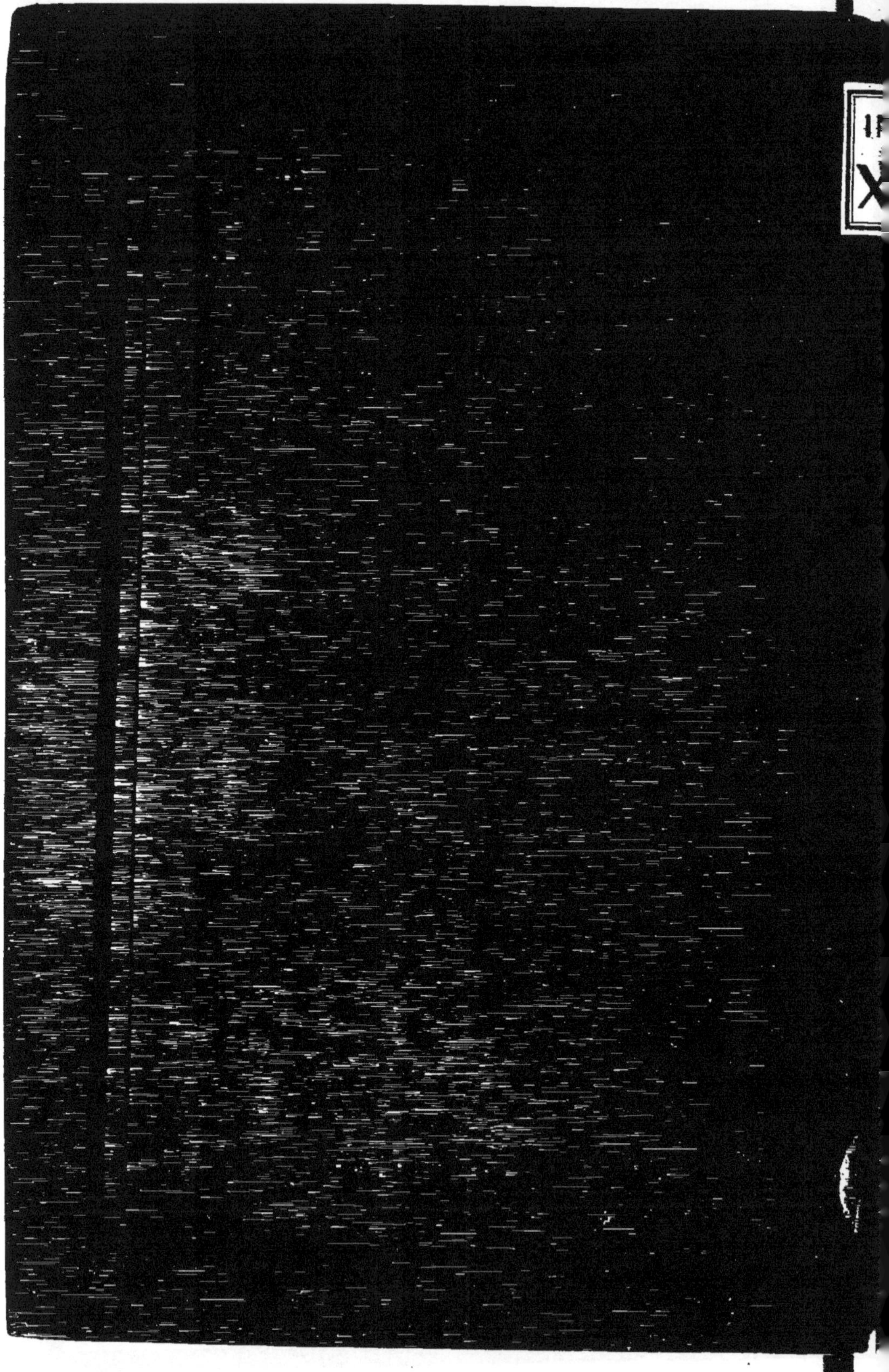